Mit Verena Kast
die Lebensfreude einladen

HERDER spektrum
Band 5707

Das Buch

Lebensfreude: jeder Mensch hat sie – doch ist sie oftmals gut versteckt. Verena Kast lädt dazu ein, sie wieder zu entdecken. Sie steht als Psychotherapeutin und mit ihrer Person dafür, dass es immer wieder darum geht, sich an den schönen Dingen zu freuen – und in sich auch die Fähigkeit zur Freude zu entdecken. Das kann man üben. Und das sollte man üben. Nicht nur um dem hängenden Mundwinkel etwas entgegenzusetzen: Lebensfreude ist eine wichtige Ressource, die auch durch schwierigere Zeiten trägt. Denn sie vermittelt, dass nicht alles schlecht ist – sondern auch vieles gut oder gut werden kann. Lebensfreude ist eine Lebenskunst. Die Texte zeigen, wie und wo sie sich verwirklichen lässt.

Die Autorin

Verena Kast, geboren 1943, Psychotherapeutin, Dozentin am C. G.-Jung-Institut in Zürich, Professorin an der Universität Zürich, Vorsitzende der Internationalen Gesellschaft für Tiefenpsychologie. Autorin zahlreicher Bücher u. a. zur Thematik des Trauerns und zu Beziehungsproblemen. Bei Herder: Loslassen und sich selber finden. Sich einlassen und loslassen. Sich wandeln und sich neu entdecken; Vom Sinn der Angst. Abschied von der Opferrolle. Lebenskrisen werden Lebenschancen. Aufbrechen und Vertrauen finden. Die kreative Kraft der Hoffnung. Lass dich nicht leben – lebe! Trotz allem: ICH – Gefühle des Selbstwerts und die Erfahrung von Identität. Schlüssel zu den Lebensthemen.

Verena Kast

Mit Verena Kast die Lebensfreude einladen

HERDER

FREIBURG · BASEL · WIEN

Gedruckt auf umweltfreundlichem,
chlorfrei gebleichtem Papier

Originalausgabe

www.herder.de
Satz: Dtp-Satzservice Peter Huber, Freiburg
Druck und Bindung:
Oldenbourg Taschenbuch GmbH, Kirchheim 2006
Umschlaggestaltung und Konzeption:
R·M·E München/Roland Eschlbeck, Julia Wolf
ISBN-13: 978-3-451-05707-6
ISBN-10: 3-451-05707-7

Inhalt

Vorwort

Freuden, die einfach da sind

Wir Menschen können uns freuen. Sich freuen zu können, gehört zu unserer biologischen Grundausstattung; mit dieser Fähigkeit werden wir geboren, und sie wird im Laufe der Zeit durch die Beziehungen zu den Mitmenschen eingeübt, stimuliert oder gehemmt. Wer hätte nicht schon einen Säugling gesehen, der einen anstrahlt: Denn für einen jungen Säugling ist ein Gesicht eines Menschen eine Quelle der Freude, man strahlt zurück, was ein noch größeres Strahlen auslöst, vielleicht sogar ein Quietschen vor Freude: zwei Menschen haben sich hier zu verstehen gegeben, dass sie einander für „erfreulich" halten, erfreuliche Menschen in einer erfreulichen Welt.

Wenn wir uns freuen, sind wir einverstanden mit uns selbst, mit der Mitwelt, mit dem Leben überhaupt – und das beschwingt uns, gibt uns Energie etwas anzupacken, allein, mit anderen zusammen: man hat einen Einfluss auf die Welt, kann etwas verändern. Das Leben ist erfreulich, die anderen sind erfreulich, es ist schön, etwas zu tun, etwas zu schaffen. Das heißt nicht, dass die Widerwärtigkeiten des Lebens ausgeblendet wären; aber man kann mit ihnen umgehen, oder sie treten für eine kurze Zeit in den Hintergrund.

Die Bedeutung der Freude wird unterschätzt: Freude gibt uns nicht nur ein gutes Selbstwertgefühl und ein gutes Lebensgefühl, sie gibt uns Schwung und wirkt gegen die negative Gestimmtheit. Die Freude ist auch eine Quelle: Die Freude an unserem Tun steht zu Beginn unseres Tuns – und wenn wir freudig etwas machen, erleben, dann wird mehr Freude daraus – und unsere Pflicht erfüllen wir darüber hinaus. Die Freude steht am Anfang, sie ist aber auch eine Begleitemotion von Tätigkeiten und Erfahrungen, die uns glücklich machen.

Freude bringt uns auch zu uns selbst, macht uns ruhig, wirkt gegen Stress. Nehmen wir uns die Zeit, etwas anzusehen, das für uns schön ist: wir beginnen uns zu freuen, und sind bei uns, und dennoch über uns hinaus mit der Welt so verbunden, ohne dass wir uns verlieren. Gelegentlich bleibt dann die Zeit stehen – wir sind einfach und genießen. Und in der Folge davon sehen wir unsere Anforderungen wieder anders, sehen schwierige Situationen anders – wir sind wieder mutiger.

Woher die Freude nehmen? Da Freude zu unserer biologische Grundausstattung gehört, ist sie vorhanden, war sie vorhanden in unserem Leben. Vielleicht haben wir sie zu wenig geschätzt, haben uns zu sehr der Ernsthaftigkeit des Lebens – ohne Freude – verschrieben. Ein fataler Irrtum – mit Freude kann man mindestens so ernsthaft sein – es ist dann nur alles etwas leichter, man ist besser verbunden mit den Mitmenschen, solidarischer, braucht weniger Angst zu haben.

Erfreulich ist, woran wir uns erfreuen, woran wir uns erfreut haben. Wenn wir damit in Kontakt kommen, dann kann uns auch heute wieder Freude erfüllen.

In diesem Buch sind Anregungen gesammelt, die den einen oder die andere auf die Spur ihrer eigenen Freuden zu bringen könnten. Es hat mich mit großer Freude erfüllt, dass Karin Walter aus meinen Texten eine Auswahl zu diesem Zwecke getroffen hat. Dafür bedanke ich mich sehr herzlich.

Wichtig ist mir, dass der „Verrat der Freude", der nach Scheler mit Kant begonnen hat, und dazu geführt hat, dass die innere Gestimmtheit der Gesellschaft von „Freudlosigkeit und negativer Gestimmtheit"[1] bestimmt ist, die dann wieder durch Narkotika aufgehellt werden muss, nicht immer weiter tradiert wird. Die Freude müsste wieder in ihrer großen Bedeutung für den Menschen gesehen werden. Es gibt tiefe Freuden, die man nicht suchen muss, die einfach da sind. Je zentraler diese Freuden sind, je zugänglicher auch, umso weniger können sie durch die Schwierigkeiten des Lebens gestört werden – sie sind einfach da, Quellen, die uns immer wieder beschwingen – trotz allem.

Verena Kast

I.

NISCHEN DES GLÜCKS

Inseln der Freude finden

Alle Menschen haben Erfahrungen im Leben, die Freude auslösen. Alles, was es auf der Welt gibt, kann Freude bewirken. Die Frage ist, was in unserem Leben, zum jetzigen Zeitpunkt, in jetzigem Alter, am meisten Freude auslöst. Es lohnt sich durchaus, einmal eine Liste von Erfahrungen, Dingen, Situationen zu machen, die eine auch körperlich erlebbare Freude auslösen. Befragt man verschiedene Menschen, was bei ihnen Freude auslöst, so zeigt sich ein sehr weites Spektrum. In den vorderen Rängen sind besonders bei jüngeren Menschen die Freude an der Kompetenz, die dann oft mit Stolz verbunden ist, aber auch die Freude daran, anderen Menschen eine Freude zu machen. Ganz wichtig ist vielen Menschen auch die Freude am Finden ganz allgemein, ob es nun um das Erfinden von etwas geht oder um das Finden von einem Schnäppchen, die Freude am Entstehen von etwas Neuem, am Wachsen der Kinder, aber auch die Freude an Gesprächen in Gruppen, bei denen wirklich etwas Neues entsteht. Die Freude am Naturerleben und an der Schönheit scheint mit zunehmendem Alter immer wichtiger zu werden.

Eine solche Liste eigener Freuden, die durchaus über einen langen Zeitraum geführt werden kann, ist vermutlich mit vielen „kleinen Freuden“ gefüllt, denn die machen unsere Lebensqualität aus. Dadurch wird uns bewusst, was uns denn mit Freude erfüllt, und wir können diese Situationen auch bewusst aufsuchen. Das tun die meisten Menschen auch ohne eine solche Liste, aber mit ihrer Hilfe bemerkt man, dass es in unserem Alltag viel mehr Quellen der Freude gibt, als wir so gemeinhin annehmen.

Emotionen sind ansteckend. Ärgerliche Menschen stecken uns leicht mit ihrem Ärger an, ängstliche Menschen mit ihrer Angst, heitere Menschen mit ihrer Heiterkeit, freudige Menschen mit ihrer Freude. Es gibt aber auch die Möglichkeit einer Selbstansteckung. Wir beleben eigene freudige Erfahrungen aus der Vergangenheit, stellen sie uns möglichst lebendig wieder vor – und die Freude ist wieder spürbar.

Können wir unsere Freude wirklich zulassen, spüren wir sie körperlich und psychisch, dann können wir in der Folge diese Situationen, die Freude ausgelöst haben, in der Erinnerung immer wieder beleben – und die Freude ebenfalls. Wir können uns durchaus an vergangenen Freuden noch einmal freuen. Und es gibt sogar Situationen, die in der Erinnerung mit Freude geradezu aufgeladen werden.

Bei der Rekonstruktion der Freudenbiographie geht es darum, dass wir unser Leben nicht nur unter dem Aspekt von Schwierigkeiten sehen, die wir bewältigt haben, von Ausbildungen, die wir gemacht, von Leistungen, die wir gebracht, sondern auch von Freuden, die wir erlebt haben und die immer noch zu uns gehören. Wir suchen dabei den

Kontakt mit den freudigen Persönlichkeitsaspekten in uns.

Kleinere Kinder bringen ihre Freude am deutlichsten zum Ausdruck. Später lernt man, die Freude zu kontrollieren und gelegentlich kontrolliert man sie so sehr, dass sie kaum mehr sichtbar, aber leider auch kaum mehr erlebbar ist.

Deshalb bietet es sich an, sich zunächst einmal vorzustellen, man sei etwa im Alter eines Vorschulkindes und mache ein bewegtes oder auch ein stilles Spiel, das viel Freude ausgelöst hat. Eine Bewegungsvorstellung, wenn man denn ein Kind war, das sich gerne bewegt hat und sich auch bewegen konnte, weckt die freudigen Erinnerungen leichter. Bilder von diesem Kind kann man hervorrufen, indem man sich etwa vorstellt, dass ein Video mit Aufzeichnungen von diesem Kind läuft, man kann sich aber auch in die Haut dieses Kindes versetzen und sich noch einmal vorstellen, wie es denn damals war, als man so hoch geschaukelt ist, Purzelbäume geschlagen hat, mit anderen Kindern ins Heu gesprungen ist – mit ein wenig Angstlust. Oder wie man einen ganzen Zoo hergestellt hat aus Tieren aus Holz usw. Solche Erinnerungen beleben sich übrigens auch auf eine ganz natürliche Weise, wenn man Kinder sieht, die wieder dieselben Spiele spielen, die man selber gespielt hat. Hat man sie wiederbelebt, dann fallen einem immer weitere Erinnerungen ein. Natürlich wird man sich fragen, was denn aus diesen Freuden geworden ist und ob sie in einer veränderten Weise in unserem Leben noch existieren. Wenn sie nicht mehr vorhanden sind, werden wir uns fragen, ob wir sie vermissen und sie vielleicht in veränderter Form wieder in unser Leben bringen können. In diesen Vorstellungen wird ebenfalls sichtbar, wie wir unsere Freude ausgedrückt haben, ob jemand da war, mit dem oder der wir die Freude teilen konnten, ob uns die Freude verdorben wurde und vieles mehr. Wurde uns immer wieder auf eine ähnliche Weise die Freude verdorben, haben wir im späteren Leben die Tendenz, anderen Menschen auf genau diese Weise die Freude zu verderben. Suchen wir diese Erinnerungsbilder, dann spüren wir die Freude des Kindes, und wir spüren auch, dass sie immer auch noch ein Aspekt von uns selber ist.

Da es sich um eine Biographie handelt, versucht man, diese Inseln der Freude durch unsere Lebenszeit hindurch zu finden. Es ist hilfreich, eine Liste der aktuellen Freuden zu verfassen und sich über die Fähigkeiten zur Freude und den Anlässen zur Freude in der gegenwärtigen Situation Gedanken zu machen. Will man eine vollständige Freudenbiographie erhalten, so ist es sinnvoll, sich einzelne markante Lebensübergänge vorzustellen mit der neugierigen Frage an sich selbst, wie man damals war. Besser ist es noch, dies einem anderen Menschen zu erzählen, und sich dann zu fragen und es auch imaginativ nachzuerleben, was denn damals die Freuden waren.

Auch Menschen, die ein schwieriges Leben hatten, erinnern sich an Inseln der Freude, meistens sogar besser als Menschen, von denen zu sagen ist, dass sie insgesamt ein freudiges Leben führen. Bei der Rekonstruktion der Freudenbiographie kommen durchaus auch schwierige Lebenserfahrungen zur Sprache. Denn wenn wir uns freuen, haben wir ein besseres Selbstwertgefühl als sonst und dann können auch schmerzhafte Erlebnisse, die sich oft darin zeigen, dass eine Freude nicht mehr erlebt werden kann oder sich Situationen, die Freude ausgelöst haben, verändert haben, besser zugelassen und emotional nachempfunden werden. In einer solchen Rekonstruktion werden auch neidische Menschen erinnert, die den Ausdruck der Freude mit Neid quittiert und den freudigen Menschen beschämt haben. Anderen fällt auf, dass sie ständig zur Freude aufgefordert worden sind, obwohl es gar keinen Anlass dazu gab, und sie sich angewöhnten, eine aufgesetzte, falsche Freude zu zeigen. Natürlich waren sie im späteren Leben dem Ausdruck von Freude gegenüber misstrauisch: war sie echt, war sie aufgesetzt?

Es eröffnen sich mit der Freudenbiographie viele neue Gesichtspunkte, unter denen man die eigene Biographie betrachten und neu mit sich selber in Kontakt kommen kann. Wesentlich dabei aber ist es, dass wir in Kontakt kommen zu uns als einem Menschen, der auch freudig ist. Das verstärkt das Gefühl der Geborgenheit im Leben, weckt die Hoffnung darauf, dass es im Leben immer etwas besser sein kann, als man gedacht hat und nicht immer nur schlechter. Das Selbstvertrauen und Vertrauen ins Dasein nehmen zu.

Die kleinen Freuden entdecken

Ein wichtiger Bereich, der große Freude auslöst, ist das Erfinden oder das Herausfinden von etwas. Der ganze Bereich der Kreativität ist hier angesprochen.

Ein anderer Bereich, der viel Freude bewirken kann, ist der Bereich der Beziehung, der körperlichen Liebe, der Zärtlichkeit, des geselligen Beisammenseins. Auch das sind Aktivitäten, bei denen die Ichgrenzen gelockert werden, es sind Situationen des Verschmelzens und der mitmenschlichen Wärme.

In diesem Zusammenhang wird die Freude am Gebenkönnen oft erwähnt oder die Freude daran, anderen Menschen eine Freude zu machen. Überhaupt scheint die Freude anderer Menschen an uns unsere Freude an uns selbst sehr zu stimulieren. Freude am Gebenkönnen ganz allgemein, aber auch Freude am Empfangen von etwas Unverhofftem, sind in Beziehungen freudenauslösend. Die Freude am Gebenkönnen, wobei Geben und Öffnen der Ichgrenzen zusammenwirken, kann allerdings auch dazu führen, dass wir in der Freude mehr geben, als wir geben wollen, mehr preisgeben auch, als wir wollen.

Besondere Freude entsteht in Beziehungen, wenn in den Beziehungen und durch die Beziehungen etwas wächst: Ideen, sichtbare Veränderungen im Beziehungsverhalten usw. Damit wird deutlich, dass Freude nicht nur Ausdruck der Stimmigkeit von

Person, Umwelt, Mitwelt und Innenwelt ist, sondern dass dazu das Moment des „Mehrens" kommt, des Mehr-Werdens.

Ein anderer großer auslösender Bereich für Freude ist der der sinnlichen Genüsse: Essen, Trinken, Sexualität, aber auch das Wahrnehmen der Natur, das Wahrnehmen der Kunst, das Anschauen von Dingen und Menschen, die uns als schön erscheinen.

Wesentlich scheint mir zu sein, dass wir nicht nur die großen Freuden als Freude wahrnehmen, sondern dass uns bewusst wird, wie viele kleine Freuden wir immer wieder erleben, die vielleicht belanglos wirken und doch nicht belanglos sind: etwa die Freude an dem wunderbaren Duft des Basilikumkrautes – bewusst wahrgenommen. Während wir uns freuen, reflektieren wir nicht über uns – wir freuen uns. Es ist aber wichtig, dass wir uns zunehmend mehr bewusst werden darüber, dass wir uns jetzt gerade für einen Moment gefreut haben.

Csikszentmihaly hat untersucht, wie der Einzug von kleinen Flow-Erlebnissen im Alltag wirkt, und hat festgestellt:

„Wer alles nichtinstrumentelle Verhalten einstellt, fühlt sich müde, schläfrig, weniger gesund und angespannt (...) Man beurteilt sich selber unter solchen Bedingungen schlechter und fühlt sich vor allem weniger kreativ und vernünftig."[2]

Für unsere psychische Ausgeglichenheit scheinen gerade auch die kleinen Freuden, die zweckfreien Tätigkeiten, unsere Nischen des Glücks, die wir uns zu schaffen wissen, wesentlich zu sein.

Wenn wir von unserer Biographie sprechen, dann werden vergangene Ereignisse – die Ereignisse „von damals“ –, damit verbundene Gefühle, Hoffnungen, Wünsche, aber auch Beziehungsverhalten wiederbelebt. Vergangenheit wird in der Gegenwart so lebendig, dass wir oft auch von ihr eingeholt werden: Sie kann erneut emotionell erlebt werden.

In diesem Zusammenhang bedeutet Erinnern, sich mit der Vergangenheit zu identifizieren – wir sind ganz eins mit der Person, die wir damals waren –, zugleich aber auch, sich von der Vergangenheit zu distanzieren – wir sind auch anders geworden, können mit Distanz zurücksehen. Sich zu identifizieren und sich auch zu distanzieren, das sind die wesentlichen Bewegungen des Bewusstwerdungsprozesses.[3]

Normalerweise haben wir im Alter von dreißig oder vierzig Jahren unsere Biographie schon unendlich oft erzählt. Oft haben wir sogar eine „Biographie zum Erzählen“ geschaffen, die mit dem wirklichen Lebenslauf mehr oder weniger Ähnlichkeit hat, je nachdem, wie sehr oder wie wenig spielerisch und phantasievoll wir sind oder welche Bedürfnisse des Vorzeigens, des Sich-Zeigens wir haben. So sagt Max Frisch: „Jeder Mensch erfindet sich früher oder später eine Geschichte, die er für sein Leben hält …“[4]

Wenn wir nun unter einer bestimmten Perspektive, einer bestimmten Fragestellung, die eigene Biographie wieder ansehen, können ganz andere Aspekte zum Vorschein kommen als bisher. Auch Lebenseinschnitte, die wir früher gar nicht wahrgenommen haben oder Übergänge, die uns immer als ganz normal erscheinen, können dadurch heller ins Licht treten. Wenn wir nun versuchen, eine Freudenbiographie zu rekonstruieren, nehmen wir uns aus den gewohnten Biographiegleisen heraus, auch aus den gewohnten Begrifflichkeiten. So finden wir nochmals eine neue Geschichte von uns, vielleicht erfinden wir sie auch.

Normalerweise erzählen wir unsere Anamnese unter dem Aspekt von Schwierigkeiten. Wir erzählen, wie die Schwierigkeiten, die wir heute haben, geworden sind. Die Freudenbiographie dagegen richtet ihren Blick auf eine ganz andere Fragestellung: Wie habe ich Freude erlebt in meinem Leben? Wie habe ich sie abgewehrt? Wie wurde sie mir verwehrt? Und: Was ist aus der Freude im Laufe des Lebens geworden? Ist sie weniger geworden? Ist sie mehr geworden? In der Regel werden ganz andere Aspekte der Persönlichkeit beleuchtet als bei einer normalen Anamneseerhebung, dennoch werden durchaus auch wichtige Veränderungen sichtbar, ja in ihrer emotionalen Bedeutung sogar greifbarer, als wenn wir eine übliche Anamnese vor uns haben.

Der Sinn einer solchen Rekonstruktion der „Freudenbiographie“ liegt nicht nur darin, herauszufinden, was aus unserer Freude im Laufe des Lebens geworden ist, sondern auch darin, dass wir uns immer wieder mit Freudensituationen der Vergangenheit identifizieren: uns beispielsweise mit uns selber als freudigem Kind identifizieren oder eben – wenn wir die Freude, die es in unserem Leben gab, gesammelt haben – mit uns selbst in unserer ganzen Entwicklung als freude-fähige Menschen.

Die Mittel für die Rekonstruktion einer solchen „Freudenbiographie" sind einmal die Erinnerungen, die wir selbst haben. Dann sind es die Erinnerungen anderer, die wir erzählt bekommen. Denn vieles, das wir für unsere eigene Erinnerung halten, ist Erzählung vom anderen Menschen: von Eltern, Geschwistern, Schulkameraden, Freunden, Fotografien, Tagebücher, alte Spielsachen können Träger von Erinnerungen an erlebter Freude sein. Zeichnungen und Bilder freudiger Momente oder auch Freudenträume können uns weitere Bereiche der Freude erschließen.

Freude und Erinnerung haben grundsätzlich viel miteinander zu tun, deshalb bietet es sich auch geradezu an, die Rekonstruktion der „Freudenbiographie" zu erstellen.

Es gibt einen Text im Tagebuch von Max Frisch:

„Glück als das lichterlohe Bewusstsein: Diesen Augenblick wirst du niemals vergessen. Der Anblick ist da, das Erlebnis noch nicht. Man gleicht einem Film, der belichtet wird, entwickeln wird es die Erinnerung." [5]

Mir scheint das ein ganz wichtiger Text im Zusammenhang auch mit Freude zu sein. Glück – als ein äußerster Pol der Freude – wird mit dem „lichterlohen Bewusstsein“, dass dieser Moment unvergesslich sein wird, in Verbindung gebracht. Hinterher wird uns eigentlich erst bewusst, was in diesem Moment wirklich geschehen ist, was so wichtig war, und in der Erinnerung an die Freude nehmen wir diese erst recht wahr, erleben sie, kosten sie aus; und in der Erinnerung gestalten wir sie dann auch weiter aus. Wir kennen wohl alle die Erfahrung, dass man mit einem Menschen zusammen etwas sehr Schönes erlebt hat und danach einen Brief schreibt, in dem alles, was so schön gewesen ist, nochmals beschrieben wird. Kommt dann ein ähnlich freudiger Brief zurück, dann wird die Freude noch einmal in der Erinnerung lebendig und auch als wirklich bestätigt. Man macht einander das Erlebnis bedeutsam und lieb und verstärkt einander die Freude. Dennoch spielt die Erinnerung beim Erleben der Freude nicht eine so große Rolle wie das Wahrnehmen der freudigen Situation selbst. Können wir die freudige Situation nicht wahrnehmen, ist auch nichts da für die Erinnerung.

Eine Übung, die bei dem Versuch, die „Freudenbiographie“ zu rekonstruieren, helfen kann:

- Versuchen Sie, sich eine Freudensituation vorzustellen. Es kann dabei hilfreich sein, sich mit einer imaginativen Technik in die Körperbewegung des kleinen Kindes einzufühlen, das Sie waren.
- Erinnern Sie sich an Körperbewegungen, die Freude gemacht haben.

Falls Ihnen nicht spontan weitere Erlebnisse aus dem späteren Leben einfallen, gehen Sie chronologisch vor und versetzen Sie sich in Freudensituationen, die Sie als Schulkind, dann mit 12, mit 14 usw. Jahren erlebten.

- Erinnern Sie eine Körperbewegung, die Sie als Kind besonders geliebt haben. Wie nehmen Sie dabei Freude wahr?
- Versetzen Sie sich in die Rolle des Kindes. Wie haben Sie Ihre Freude ausgedrückt? Waren Menschen da, denen Sie die Freude gezeigt haben? Oder waren keine Menschen da? Was haben Sie dann mit Ihrer Freude gemacht?

Gibt es eine Beziehung zwischen dieser Freudenerfahrung und Ihrem heutigen Leben und zu Ihrer Art heute, Freude zu erleben, auszudrücken oder nicht auszudrücken?

In Resonanz mit dem kommen, was schon da ist

In kulturellen Erzeugnissen der Menschen sind immer wieder grundlegende Lebensthemen wie Liebe, Trennung, Kampf, Sieg, Niederlage, Verlust, Neuwerdung, Alter, Tod dargestellt, beschrieben und bedacht worden. Indem wir in Kontakt treten zu solchen kulturellen Erzeugnissen, die unser Interesse zu fesseln vermögen, wird unsere eigene Imagination, unsere Vorstellungskraft aktiviert. Wir verstehen die Lebensthemen, die bei uns anstehen, in Resonanz zu dem, wie Menschen „immer schon" mit diesen Themen umgegangen sind. Resonanz heißt, zurück-tönen. Töne sind Schwingungen, deshalb meint zurück-tönen auch, dass sich Schwingungen einander vermitteln, dass man mitschwingen kann, dass Bilder des persönlichen Lebens mit Bildern der Kultur und damit auch des kollektiven Unbewussten abgeglichen werden und einander beeinflussen können. Dadurch wird die Bilderwelt in unserer Psyche belebt, Erinnerungsbilder und Sehnsuchtsbilder werden lebendig, wir fühlen uns wieder lebendiger, spüren unsere Gefühle wieder besser und sind dadurch näher bei uns selbst, haben aber auch neue Themen, die uns interessieren, die wir reflektieren. Wir erfahren in der Folge unser Leben als sinnvoll, erleben Sinn.[6]

Es ist unser Vorstellungsraum, der durch die Resonanz mit diesen kulturellen Erzeugnissen geöffnet wird und unsere eigenen Imaginationen, unsere Phantasien anregt. Damit werden Möglichkeiten zur Veränderung, oder zumindest Hoffnung auf Veränderung in uns freigesetzt. Das Reflektieren über die Inhalte kann zu psychologischen Einsichten verhelfen, die uns auch wiederum Kompetenzen erschließen, um mit den vielen anstehenden Veränderungen im Alter umzugehen. Kulturelle Erzeugnisse machen uns aber auch deutlich, dass wir nicht allein mit dem entsprechenden Problem kämpfen, sondern dass das im eigenen Leben anstehende Problem ein Thema für alle Menschen ist, und dass gerade in diesen Produktionen auch viele Vorschläge, wie mit diesen Themen umgegangen werden kann, in symbolischer Form zu finden sind.

Symbolische Prozesse in der Literatur, in Märchen, in Mythen, in der Musik, in der Malerei wirken dabei wie Übergangsobjekte: aus dem Schatzhaus der menschlichen Vergangenheit stammend, können sie eine symbolische Anregung für unsere spezielle Lebenssituation geben. Unsere aktuellen Träume, aber auch unsere speziellen Lebenssituationen mit den damit verbundenen Emotionen, können uns zu den spezifischen kulturellen Erzeugnissen hinführen. Das kulturell vermittelte Symbol weckt Symbole in unserer Psyche, und damit werden wir belebt, wir sind dann psychisch wieder im Fluss. Natürlich müssen diese Bilder, die geweckt werden, wieder mit der eigenen Situation, mit dem Alltag, verknüpft werden. Stehen Symbole in einem dynamischen Prozess, wie etwa in den Märchen, regen sie auch die Dynamik in der eigenen Seele an, man ist nicht mehr festgefahren, sondern es bewegt sich wieder etwas: Vorstellungen, Phantasien, Sehnsüchte werden wach.

Die Imagination ist von großer Bedeutung für den alternden Menschen: Je lebendiger unsere Vorstellungskraft bleibt oder ist, umso lebendiger ist die Erinnerung, die man uns nicht nehmen kann, umso lebendiger ist aber auch unsere Möglichkeit, uns Zukunft vorzustellen. Die Vorstellungskraft ist eine natürliche Fähigkeit des Menschen, sie gehört zu unserer Grundausstattung, sie kann aber geübt werden, vor allem aber muss sie angeregt werden.

Die Biografie als Ganze verändert ihr Gesicht, wenn wir die größeren, aber durchaus auch die alltäglichen Freuden mit einbeziehen. Gelingt es uns, durch die Imagination diese Freude wieder zu erleben, vermehren wir unsere eigene aktuelle Freude. Dies zeigt folgendes Beispiel sehr anschaulich:

Eine 78-jährige Frau weiß nicht so recht, wie sie ihr Alter leben soll. Ihre Kinder werfen ihr vor, sie sei zu sehr auf sich bezogen. Ihre Freundinnen finden, sie verströme Langeweile, habe immer eine ausgesprochene Aufforderung um sich, sich um sie zu kümmern, sie zu unterhalten. Sie selber findet, sie entwickle sich nicht mehr, sei „stecken geblieben“ seit ihr Mann den sie als sehr anregend empfand, gestorben sei.

Bei der Rekonstruktion der Freudenbiographie spricht sie oft davon, dass sie schon seit jungen

Jahren immer wieder Kunstausstellungen besucht hat, dass Bilder sie anregen, beleben, mit Freude erfüllen. Gibt es ein spezielles Bild, das sie gerade vor Augen hat? Ja, im Moment der Frage die weiße Kuh von Wassily Kandinsky. „Die erscheint sofort vor meinem inneren Auge: Die war mir wichtig, die Farben haben mich erstaunt und dann einfach erheitert. Es ist ein ungemein heiteres Bild! Ich werde es noch einmal ansehen, und vielleicht kann ich auch eine passende Musik dazu finden. Schon wenn ich nur daran denke, werde ich innerlich heiter und erheitert und fühle mich beschwingt." Und dann fallen der Frau einige andere Bilder ein, die sie auch in einer ähnlichen Weise ansprechen. In der erinnernden Vorstellung freut sie sich. Wenn wir uns freuen, sind wir einverstanden mit uns und mit der Mitwelt, wir fühlen uns beschwingt, haben Ideen, die wir in die Tat umsetzen wollen, wir haben ein gutes Selbstwertgefühl, fühlen uns kompetent. Die Frau sagt, sie wisse jetzt auch wieder, worüber sie wirklich sprechen könne, und sie habe auch Lust, über ihre Erfahrungen mit ihren Freunden und Freundinnen zu sprechen.

In einer weiteren Sitzung erzählt sie, sie habe den Film „Die unwürdige Greisin" einmal gesehen, vor ganz langer Zeit – der habe sie sehr beeindruckt, da habe sie sich auch gefreut. Auch die Geschichte von Brecht habe sie gelesen. Was ist ihr geblieben?

„Eigentlich ganz wenig, ich erinnere mich, dass die Greisin sich nicht so benahm, wie die Kinder es erwartet hatten, dass sie sehr eigenwillig war, irgendwie bei einem Flickschuster Wein trank und mit jungen Menschen über Politik sprach. Ich stelle mir vor, dass diese alte Frau radikal das lebt, was sie leben möchte, sich nicht daran hält, was die Kinder erwarten oder die Freunde, oder an das, was die Leute sagen. Diese Freiheit möchte ich haben, bevor ich sterbe."

Sie liest die Geschichte noch einmal, findet die Geschichte als solche gar nicht mehr wichtig; wichtig wird ihr Wunsch, so radikal sein zu dürfen, überhaupt spüren zu dürfen, was sie selber sich noch wünscht, was sie noch in ihrem Leben verwirklichen möchte, auch wenn es nicht „hochstehend" ist, vor den Augen ihres Ehemannes keine Gnade finden würde. Dann – so findet sie, hätte ihr Leben wieder einen Sinn.

Sie erlebt auch eine neue Dankbarkeit: Sie spürt, dass in der Welt der Kultur unendlich viele Anregungen zu finden sind, die sie zum Teil schon immer als solche wahrgenommen hat, ohne sie aber wirklich zu schützen und zu nützen. Es ging früher eher darum, dass man ein Buch gelesen hatte, als dass man sich fragte, was das Buch in einem selber für Entwicklungen anstoßen könnte. Jetzt aber nützt sie diese kulturellen Anregungen für Entwicklungsschritte, indem sie sie nicht nur konsumiert, sondern sich in Resonanz dazu setzt, sie als Anstöße aufnimmt, die sie auch gerne weiter gibt und andere damit anregt.

Sich begeistern lassen

Es war kein guter Tag, um ins Kunstmuseum zu gehen. Ein scharfer, eiskalter Wind trieb mich zwar hinein in die Wärme – und wo wäre diese in einer fremden Stadt angenehmer als in einem Kunstmuseum!

Aber es war kein guter Tag, um ins Kunstmuseum zu gehen: Das Museum wurde gerade umgebaut. Zwar war es nicht geschlossen, aber beträchtlich verkleinert und mit beachtlichem Baulärm erfüllt. Gerade die Bilder, die zu sehen ich mir vorgenommen hatte, waren nicht zugänglich. Wenigstens war noch ein Saal mit Expressionisten geöffnet. Die erfreuen mich immer. Aber: Bei den Expressionisten saß eine Schulklasse junger Schüler und Schülerinnen vor einem Bild am Boden. Mit großem Vergnügen, das sich in einem beträchtlichen Lärmpegel äußerte, betrachteten sie dieses Bild und formulierten ihre Einfälle, oft zur großen Erheiterung ihrer Mitschüler. Eigentlich gelang es der Lehrerin gut, diese Kinder immer wieder zu fesseln. Lebendige Kinder erfreuen mich normalerweise – und ich finde es auch sinnvoll, dass Kinder früh mit Kunstwerken in Berührung kommen und vielleicht auch davon berührt werden. Aber eigentlich hatte ich mir vorgestellt, einige ruhige Stunden hier zu verbringen. Baulärm, Kinderlärm – kein guter Tag, und mein Zug fuhr erst in drei Stunden.

Hätte mich jemand aufgefordert, meine gegenwärtige Stimmung einzuschätzen auf einer Skala von null bis zehn, hätte ich mich etwas bei vier eingeordnet. Und dann betrat ich einen neuen Raum, und von einem Moment zum anderen war alles anders. Ich war gefesselt von einem Bild von Jawlensky. Im Hintergrund war immer noch Baulärm, war immer noch Kinderlärm. Aber dieses Bild, ein Bild, das ich kannte, löste eine große Resonanz in mir aus, fesselte mich, erfreute mich – machte mich glücklich. Nein: Es war nicht das Bildnis des Tänzers Alexander Sacharoff, das mit seinem wunderschönen Rot einen Stoß von Energie auslöst, es war einer der Köpfe: Frauenkopf um 1912. Auch da: starke, glühende Farben, eine formale Konzentration auf das Wichtigste – und das Wichtigste scheinen diese Farben zu sein, die auch ein wenig an Nolde erinnern. Und hinter diesem noch so vitalen Kopf sah ich in meiner Vorstellung auch die Gesichter des alten Jawlensky, die Bilder, auf denen er in wenigen Strichen das Wesentliche eines Gesichts darstellt.

Da stand ich nun, freute mich auf eine stille Weise darüber, dass es solche Bilder gibt in unserer Welt, aber auch, dass mich ein Bild in dieser Tiefe erreichen und meine Stimmung so sehr aufhellen kann. Jetzt hätte ich meine Stimmung bei neun eingeschätzt.

Was löste die Faszination aus? Dass mein Interesse mit einem Schlag geweckt worden wäre, trifft die Erfahrung nicht ganz – mein Interesse war schon im Saal vorher wach. Die Erfahrung ist eine emotionale: Das Bild hat mich mitten ins Herz getroffen, das heißt, mitten in meine Existenz hinein.

Für mich gibt es interessante Bilder, schöne Bilder, Bilder, die mich verstören – und es gibt Bilder, die mich ins Herz treffen und von denen ich wie ein Kind annehme, dass sie speziell auch für mich gemalt worden sind.

Angesichts von diesen Bildern werde ich erregt, bin elektrisiert, erfasst mich das Lebensgefühl der Begeisterung. Eine Begeisterung, die nichts will – außer ihrer selbst –, angesichts des Bildes oder der Skulptur, die sie ausgelöst haben. Ich bin glücklich, dass es Bilder gibt, die immer wieder diese Schwingungen in mir auszulösen vermögen.

Dazu sagt Jawlensky: „Jeder findet in jedem Kunstwerk nur das, zu was sich seine Seele vorbereitet hat. Darin liegt die Kraft und die Unerschöpflichkeit des Kunstwerks."[7] Gerade das ist das Wichtige an der Kunst für die Betrachter und Betrachterinnen, für die Möglichkeit, durch Betrachten der Kunst heiler zu werden: Aspekten der eigenen Psyche zu begegnen, die zu unserer Ganzheit gehören, die im Moment brachliegen, die angesprochen werden können. Was in unserer Seele vorbereitet ist, muss hervorgelockt werden, kann hervorgelockt werden durch ein Kunstwerk. Und vielleicht ist es auch noch etwas mehr: In der Stimmung des Überdrusses sind wir Menschen nämlich empfänglicher für Überdruss und für Langeweile als für Begeisterung. Ein Bild muss deutlich die gehobenen Emotionen ansprechen, um einen solchen Stimmungsumschwung zu bewirken. Nun kann man die Farben dieses Bildes dafür verantwortlich machen, die eigene „Farbigkeit“ in der Psyche anzuregen, gerade die Gefühlsschwingungen hervorzuholen, die im aktuellen Erleben eher ausgespart sind. Auf jeden Fall muss es eine Resonanz geben zwischen dem Bild und dem eigenen Erleben.

Bei diesem Kopf sind es vor allem die Farben, die mich ansprechen: lebendige Farben, vitale Farben, Farben, in denen ich mich „zu Hause“ fühle. Es sind Farben, die in mir Emotionen auslösen und Imaginationen anregen, aber auch Gedanken: Ich bin vertraut mit den Köpfen von Jawlensky. Mich fasziniert, dass Jawlensky 1912 sich mit Köpfen beschäftigte, dass diese sich dann immer mehr zu Gesichtern wandelten, zum Antlitz – und immer mehr werden es mystische Köpfe, abstrakte Köpfe, reduziert auf ein Schema, in dem das orthodoxe Doppelkreuz verborgen ist: Meditationsbilder. Ich kann kein Antlitz von Jawlensky anschauen, ohne seine letzten gemalten Antlitze zu sehen, die er den Schmerzen abgerungen hat – den Pinsel mit beiden Händen haltend.

Im Bild dieses lebensvollen, prall farbigen Kopfes von 1912 ist das Leben in seiner ganzen Farbigkeit noch gestaltbar, aber es verweist bereits auf die Zeiten, in denen der Maler sich auf das Wesentliche beschränkt, und dies in einer Art, die die Schönheit, die Stimmigkeit in der größten Sparsamkeit zum Ausdruck bringt. Was mich berührt: der Maler, der unter großen Schmerzen immer noch ausdrückt, was er ausdrücken kann, was er ausdrücken muss. Seine Botschaft. Und diese Botschaft ist nicht eine narzisstische, sie vermag andere Menschen zu berühren. Natürlich denke ich über Alter, über Verfall, über Tod nach, wenn ich diese Bilder sehe. Nein, ich denke nicht darüber nach: Ein Hauch der Vergänglichkeit streift mich – und das Geheimnis des Bleibenden.

Gerade das finde ich das immer wieder Überraschende und tief Beeindruckende an Kunstwerken überhaupt: Da gibt es Bilder, die Hunderte von Jahren alt sind, der Maler, die Malerin ist längst gestorben – und ihr Werk spricht immer noch zu uns Heutigen, vermag immer noch Menschen anzuregen, zu bereichern, sie zu faszinieren. Man kann in keiner Weise sagen, dass diese Maler wirklich „tot" sind, denn ihre Bilder strahlen ein geheimnisvolles Leben aus – über Jahrhunderte hinweg.

Jawlensky hat das wohl geahnt. Er schrieb: „Ich habe sehr schöne Bilder. Einige sind Kunstwerke. Ausstrahlen unheimlich stark ein geheimes Leben."[8]

Vielleicht ist es dieses „geheime Leben", das in einem sichtbaren Bild ist, das Unsichtbare im Sichtbaren, das das Unsichtbare in der eigenen Psyche berührt und zum Schwingen bringt. Aber es ist für mich nicht nur das Bild als Bild und der damit verbundene Kontext, der mich berührt. Das ist es auch. Mich fasziniert in diesem Zusammenhang das Geheimnis des Schöpferischen: dass ein schöpferischer Mensch etwas schafft, das in anderen Menschen zu einer ganz anderen Zeit wiederum das Schöpferische anklingen lässt, eine Stimmung schafft, die sonst nur in Momenten des schöpferischen Prozesses erlebbar ist. Das Ringen dieser Menschen war nicht umsonst! Es vermag andere Menschen in die Stimmung des Schöpferischen zu bringen, allein dadurch, dass sie sich auf ein Bild einlassen. C. G. Jung war der Ansicht, dass ein schöpferisches Prinzip alles durchwaltet, was es gibt in der Schöpfung. Der Mensch wird dann heil, wenn er sich an dieses schöpferische Prinzip in irgendeiner Weise anschließen kann. Löst ein Bild eine schöpferische Stimmung aus, dann sind wir angeschlossen an das Schöpferische. Das verändert dann auch unsere Lebenshaltung: In der schöpferischen Stimmung sind wir davon überzeugt, dass Leben auch schöpferisch verändert werden kann, dass wir etwas bewirken können und dass uns auch ohne unser Zutun gute Gefühle und Gedanken einfallen – vorausgesetzt, wir sind offen für das Schöpferische in der Welt. In diesen Situationen erleben wir das Leben auch als sinnvoll.

Eine riesengroße, mir noch unbekannte Stadt – mit viel Lärm, gefährlich, wie man mir sagt. Für mich ist sie unwirtlich, ich fühle mich unbehaust und deshalb fliehe ich ins Kunstmuseum. Da fühle ich mich zu Hause, geborgen, geschützt – und dennoch oft auch herausgefordert, aber auf eine ganz andere Weise.

Das Museum als Heimat: Da denke ich zunächst an Bilder, die ich kenne, gute alte Bekannte. Aber das ist nur so, wenn ich immer wieder dasselbe Museum besuche, und auch da funktioniert es nicht immer. Bilder werden umgehängt, ausgeliehen für eine Ausstellung an einem anderen Ort. Wenn dies geschieht, wenn das Bild, das ich wieder sehen wollte, nicht da hängt, wo es hängen sollte, und nur ein kleines Schild mich darauf aufmerksam macht, das Bild sei jetzt gerade in einer anderen Stadt, so löst das in mir ähnliche Gefühle aus, wie wenn ich einen befreundeten Menschen besuchen möchte, und er oder sie ist nicht zuhause. Mit gewissen Bildern an verschiedenen Orten der Welt habe ich ein freundschaftliches Zuhause. Sie gehören zu meinem Leben. Ich muss sie nicht ständig sehen, aber ich freue mich, wenn ich sie wieder sehen kann. An der Aufnahme dieser Bilder sehe ich aber auch, dass ich mich verändere. Manche Bilder erinnern mich daran, dass ich sie einmal sehr geliebt habe. Sie sind mir immer noch lieb und vertraut, aber sie sprechen nur noch zu mir in der Erinnerung. Und manchmal wundere ich mich, dass mir diese Bilder einmal so wichtig waren.

Andere Bilder bleiben aktuell: Ein Rothko mit seinen Farben kann mich immer noch elektrisieren! Oder ein Turner mit dem Licht auf dem Wasser.

Es sind aber nicht nur die vertrauten Bilder, die mir ein Kunstmuseum als Heimat erscheinen lassen: Die geschmackvolle Ansammlung von Bildern und Skulpturen ist es. Ein Ort, an dem man Bildern einen bevorzugten Platz gibt, an dem die dargestellten Bilder eigene Bilder wecken können, die mich erfreuen und mich zu mir selbst führen. Das ist wohl der Grund dafür, dass ich den Ausdruck „Heimat" für diese Erfahrung brauche.

Manche Bilder, Installationen, Videos sind aber verstörend: In ihnen versucht der Künstler oder die Künstlerin Verstörendes zum Ausdruck zu bringen. Gegen diese Verstörung arbeite ich dann an, das fordert heraus. Ist Humor bei der Verstörung dabei, kann auch diese mich anregen: Der Humor gibt eine gewisse Distanz zum Menschlichen – allzu Menschlichen.

Aber ich verhehle es nicht: Ich suche in der Kunst die Schönheit. In der Schönheit bin ich zu Hause, nicht in der Hässlichkeit. Der ästhetische, sinnliche Genuss ist es, was mich anspricht – das Gefühl von Heimat auslöst. Er vermittelt reine Freude. Dieser Genuss will nichts anderes als Genießen.

Manche Bilder sind schön. Manche werden schön durch die Weise, wie ich sie ansehe. Wenn ein Bild schön ist, spricht es mich im Zentrum meines Wesens an. In mir werden Gefühle des Bei-mir-Seins und gleichzeitig doch Ganz-beim-anderen- und Über-mich-hinaus-Seins geweckt. Es ist eine vorübergehende Vereinigung mit dem Schönen. Als schön bezeichnen wir, was unser Selbst, unseren innersten Kern anspricht. Schön ist nicht einfach das Bild. Aber zwischen dem Bild und dem Betrachter ereignet sich die Erfahrung von Schönheit. Und die bringt uns ins Lot, bringt uns zu uns selbst in Verbindung mit anderem, anderen, dem Anderen. An der Schönheit kann man immer wieder heil werden. Auch Museum als Heimat hat mit diesem Heilwerden zu tun.

Beim Blättern in einer Kunstzeitschrift finde ich, dass in dem Kunstmuseum, das ich in Kürze besuchen werde, eine Rothko-Retrospektive zu sehen ist, eine Ausstellung, für die ich weit gefahren wäre. Welche Vorfreude! Wie viel noch ausstehende Vorfreude! Wie viele Bilder gibt es auf der Welt, die ich noch sehen möchte, auf die zu sehen ich mich freue. Es gibt viel mehr Bilder, als ich in der noch zu erwartenden Lebenszeit sehen kann. Das gibt mir ein gutes Lebensgefühl. Vorfreude, verbunden mit Neugier und der Erwartung, etwas Erregendes zu erleben, ist ein wunderbares Stimulans, gerade auch in Zeiten, in denen das Leben nicht aufregend ist, sondern auch im Wesentlichen darin besteht, Verpflichtungen abzuarbeiten, die mich wenig begeistern. Wenn mir dann einfällt, dass ich in wenigen Wochen in einem der schönsten Museen der Welt eine mich begeisternde Ausstellung sehen werde, bin ich mit dem Leben bereits wieder versöhnt. Manche Menschen halten die Vorfreude für eine riskante Freude, ich halte sie für die beste. Riskant deshalb, weil das, worauf wir uns gefreut haben, unsere Erwartungen nicht erfüllen kann. Das ist immer einmal möglich. Manchmal bin ich auch in einer Stimmung, in der ich Kunstwerke, die ich eigentlich liebe, nicht wirklich aufnehmen kann. Das ist traurig: gerade bei einem Kunstwerk, das mich sonst immer wieder zu berühren vermag. Das geschieht immer wieder einmal, das ist Realität. Und es bedeutet nicht, dass es auch ein nächstes Mal so sein wird. Habe ich mich aber auf die Ausstellung gefreut, dann kann mir nichts und niemand die Vorfreude nehmen. Diese hat mich beschwingt, meine Stimmung gehoben, meine Neugier angestachelt, Vorstellungen von einer elektrisierenden Erfahrung geweckt. Kurz: Sie hat mir ein gutes Lebensgefühl gegeben, mich inspiriert. Ganz umsonst ist meistens die Vorfreude doch nicht: Stehen wir vor Bildern, auf die wir uns gefreut haben, können wir uns zumindest daran erinnern, dass diese in anderen Lebenszusammenhängen bereits große Gefühle in uns ausgelöst haben. Wir vertrauen darauf, dass sie auch wieder im Stande sein werden, diese Gefühle auszulösen. Wenn nicht, sind wir zumindest dankbar, dass sie diese Gefühle auslösen konnten.

Die beschwingende Wirkung der Vorfreude

Wir freuen uns auf etwas Schönes in der Zukunft, das hoffentlich eintreten wird. Dieses freudige Ereignis malen wir uns lebhaft aus, wir haben eine Vision von unserem Leben, wie es sein wird, wenn die Erwartung erfüllt ist: wenn etwa ein Kind da ist oder das Kind schon in die Schule geht, oder wenn wir eine neue Arbeit haben oder wenn wir Zeit haben.

Freude erleben wir dann, wenn wir mehr bekommen, als vorauszusehen war[9], mehr, als wir uns erwartet haben, wenn etwas schöner ist, besser als erwartet. Wir fühlen uns dann freudig überrascht.

Die Emotion der Freude äußert sich im Strahlen: Eine der Ausdrucksgesten der Freude ist, dass die Augen aufstrahlen, dass Gesichter aufleuchten. Wir haben den Eindruck von etwas Strahlendem, Leuchtendem, Lichtem, Leichtem, Heiterem.

Die Bewegungen, die wir mit der Freude verbinden, sind Bewegungen in der Vertikalen, Bewegungen, die zur Höhe hin tendieren. So gehen die Mundwinkel nach oben, wenn wir uns freuen oder wenn wir lächeln: Wir könnten vor Freude Luftsprünge machen oder wir werfen etwas hoch in die Luft. So wird deutlich, dass in der Freude ein Gegengewicht zur Erdschwere und zur Dunkelheit liegt. Freude Zeigt uns eine Verbundenheit mit etwas, das über uns hinausgeht. Sie ist also auf Transzendenz hin angelegt. In ihr werden aktuelle

Beziehungsmuster und die Widerständigkeit des Daseins transzendiert. In ihr zeigt sich Transzendenz vielleicht ganz grundsätzlich.

Wenn wir uns freuen, dann fühlen wir in uns eine Wärme aufsteigen. Sie ist meistens körperlich erfahrbar und ihr entspricht auch eine seelische Wärme. Die Freude lässt uns offener und lebendiger werden. Das Selbstgefühl, das wir bei der Freude erleben, ist ein Gefühl des selbstverständlichen Selbstvertrauens, das daraus resultiert, dass wir im Moment der Freude uns selbst, die Innenwelt, die Mitwelt akzeptieren können, wie sie sind, weil uns mehr zugekommen ist als wir erwartet haben. Zu diesem selbstverständlichen Selbstvertrauen gehört, dass man sich bedeutsam fühlt, ohne dass man auch bedeutsam sein muss. Dieses selbstverständliche Selbstvertrauen, das wir als Menschen im Zustand der Freude erleben, lässt uns offen werden: Auch hier erscheint wieder ein Aspekt der Transzendenz: Wir müssen unsere Ich-Grenzen nicht stur behaupten, wir können sie öffnen. In der Freude sind wir nicht misstrauisch, manchmal allerdings naiv. Wir erwarten in der Tat nichts Böses. Tritt das Böse dann doch ein, dann fühlen wir uns sehr verletzt. Man kann sich vor diesen Verletzungen schützen, indem man die Freude nicht mehr zulässt. Das ist jedoch ein teurer Schutz. In der Freude vertrauen wir. Wir müssen uns nicht entschließen zum Vertrauen – wir vertrauen einfach – und gelegentlich das wirft man den freudigen Menschen ja auch vor – verbrüdern und verschwestern sie sich zu leicht. Erfasst von der Emotion der Freude verhalten wir uns solidarischer.

Selbstverständliches Selbstvertrauen, Bedeutsamkeit, auf der man nicht beharren muss, Offenheit und die Möglichkeit des sich Öffnens ergeben ein Selbstgefühl der Vitalität und der Kompetenz, mit dem Leben umgehen zu können. Wir spüren neue Lebensenergie und neues Vertrauen ins Leben. Aus dieser Selbst- und Weltwahrnehmung heraus möchten wir dann anderen Menschen nahe sein, möchten teilen, haben wir den Mut, miteinander Lösungen zu finden und zu erproben.

Die Vorfreude ist eine ganz besondere Freude. Vorfreude lebt in der Zukunft und damit auch in der Vorstellung, sie lebt auch von der Zukunft. Und so ist sie anders als die „normale“ Freude, die in einer bestimmten Situation aufbricht und aufleuchtet, in dem jeweiligen Moment wahrgenommen werden muss, und die wir dann in der Erinnerung immer wieder neu wiederbeleben können. Die Vorfreude stammt aus einer Imagination, sie wird genährt aus Sehnsüchten, Wünschen, Erwartungen, etwas gedämpft durch schlechte Erfahrungen. In der Vorfreude sind wir im Erleben der Phantasie bereits dort, wo eine Erwartung erfüllt wird. Der Anlass, der Freude auslösen wird, wird als fast sicher eintretend vorgestellt oder auch richtig herbeiphantasiert. Die Vorfreude tritt dann ein, wenn wir fast sicher sind, dass sich unser dringendster Wunsch, unsere Sehnsucht, unsere Erwartung erfüllen wird. In der Vorwegnahme von einem Ereignis, von dem wir uns große Freude versprechen, haben wir viele Freiheitsgrade. Wir können ein künftiges Ereignis gerade so ausmalen, dass es uns große Freude machen wird. Damit kann die Vorfreude allerdings auch zu einer Quelle großer Enttäuschung werden. Tritt das Erwartete nämlich nicht ein oder anders, als man es sich vorgestellt hat – und das ist meistens so –, dann sind wir enttäuscht, wir empfinden Scham- oder Schuldgefühle, auch Gefühle der Trauer, denn wir haben etwas verloren, was unserem Leben eine Richtung und einen Inhalt gegeben hat, auch wenn es noch nicht realisiert worden ist. Eine unerfüllte Erwartung müsste betrauert werden.

Die Vorfreude ist für Menschen sehr wichtig: in ihr kommt eine Sehnsucht zum Tragen, die uns aus dem Alltag heraushebt, beschwingt, befeuert, ermutigt.

In der Vorfreude nehmen wir eine Situation im Leben, oft auch eine soziale Situation vorweg, die wir uns weitgehend nach unseren Wünschen und Bedürfnissen vorgestellt haben. An der konkreten Situation wirken dann aber alle Beteiligten mit. In der Vorfreude, die zum Beispiel vom Emotionstheoretiker Izard[10] als „magische Freude“ bezeichnet wird, haben wir die Tendenz, die Realität der Mitspieler etwas zu vergessen. Das hat den Vorteil, dass uns bewusst wird, was uns wirklich eine große Freude machen würde, es lässt uns unsere wirklichen Wünsche und Sehnsüchte, aber auch unsere Erwartungen erkennen.

Gelegentlich wird es als weise bezeichnet, die Vorfreude zu kontrollieren, sie nicht zu groß werden zu lassen. Damit will man einer möglichen Enttäuschung zuvorkommen. Die Enttäuschung wäre dann allerdings nicht so groß, wäre es uns klar, dass die Vorfreude für sich allein gesehen werden muss, ungeachtet dessen, ob eintrifft, was man sich ausgemalt hat oder nicht. Die Vorfreude jedenfalls kann uns niemand nehmen – sie kann aber auch, falls wirklich etwas wesentlich besser als erwartet ausgeht, nicht nachgeholt werden.

Die Vorfreude ist eine mutige Freude, auch sie ist getragen von der Hoffnung in ein gutes Schicksal oder zumindest vom Vertrauen in die eigene Fähigkeit, auch mit Enttäuschungen kompetent umgehen zu können. Die Vorfreude lebt von unserer Vorstellungskraft: Wir stellen uns die künftigen Ereignisse so vor, dass sie uns mit großer Freude erfüllen werden.

2.

GETEILTE FREUDE IST DOPPELTE FREUDE

Eine Kultur der Anerkennung

Gewiss, man muss sich in dieser Welt heimisch fühlen. Und das gelingt nur schwer, wenn man gezwungen ist, sich ständig zu entwurzeln. Das Gefühl des Heimischseins entsteht aber vor allem dann, wenn wir in Beziehungen zu anderen Menschen stehen – und in Beziehungen zu uns selber. Wie sollen wir erkennen, was wir in dem anderen, in die andere hineinsehen, wenn wir nicht mit uns selber im Kontakt sind und mit unseren Gefühlen?

Stehen wir in Beziehungen zu anderen Menschen und zu uns selber, dann stehen wir auch in Beziehungen zum Reichtum der Welt, zum Reichtum der anderen Menschen, zum Reichtum unserer gegenwärtigen Kultur und auch unserer vergangenen Kultur. Wir sind vernetzt; viele Aspekte unseres Selbst und des Selbst der anderen werden in einen Zusammenhang gebracht, unser Selbst ist weit gespannt – und ist in allen Widersprüchen kohärent.

In diesem gegenseitigen Wahrnehmen ginge es darum, sich füreinander wirklich zu interessieren, zumindest für die Personen, mit denen man eine nähere Beziehung pflegt. Hier ist die genuine Verbindung zum Selbstwertgefühl. Es geht darum, einander die Bestätigung zu geben, die wir offensichtlich brauchen. Die Gier nach Bestätigung, die wir oft an den Tag legen, zeigt hingegen bloß, dass wir gar nicht mehr daran glauben, dass wir so viel Bestätigung bekommen, wie wir benötigen.

Grundsätzlich geht es um eine Haltung der Anerkennung. Man könnte eine Kultur der Anerkennung fördern – und man muss sie auch fordern. Das heißt aber auch, dass es für uns wichtig sein muss, von diesem Muster von Dominanz und Unterwerfung loszukommen. Statt einander abzuwerten, ginge es um ein Lebensmuster der gegenseitigen Teilhabe und der Wertschätzung. Dies gilt auch für gesellschaftliche Zusammenhänge: Es geht nicht einfach darum, dass wir möglichst viel profitieren von der Gesellschaft, sondern um die Frage, wo wir was beitragen können. Das ist eine der ureigensten Fragen, die die Psychologie der Identität ins Bewusstsein hebt.

Vielleicht sind die Ökonomisierung der Gesellschaft, die Idee, dass man sich möglichst besser verkaufen soll als der andere, um mehr wert zu sein, und der damit verbundene Jugendkult und Körperkult Auslaufmodelle. Angesichts der Vertrauenskrise, die vor allem die Wirtschaft mit ihren vielen Skandalen heraufbeschworen hat, geht es deutlich um andere Werte, die auch unser Streben nach Identität beeinflussen.

Gefragt ist Verlässlichkeit in ganz breiter Weise. In dieser schnelllebigen Welt muss man sich aufeinander und auf sich selbst verlassen können. Das wird nicht möglich sein, indem man sich immer wieder nur anpasst: Die Anpassung muss nach außen und nach innen geschehen. Ein Kern von uns verbindet sich immer wieder neu mit allem, was auf uns zukommt, mit den anderen Menschen, mit dem anderen, was es alles noch so gibt auf dieser Welt. Dann sind wir – so weit das uns Menschen möglich ist – verlässlich. Auch wenn Beziehungen immer wieder gelassen und neu aufgenommen werden müssen, etwa, weil man den Arbeitsplatz zu rasch wechseln muss, ist es wichtig, verlässlich zu sein, einander ein verlässliches Echo zu geben. Das können wir nur, wenn wir mit den Gefühlen im Kontakt stehen und uns sensibel auf den anderen Menschen einstellen.

Es braucht Achtsamkeit, die sich auf den anderen Menschen und auf sich selber richtet, und nicht so sehr das Schielen nach der Nützlichkeit eines anderen Menschen. das kann am leichtesten gelernt werden, wenn wir uns in andere Menschen einfühlen, uns auf den Standpunkt eines anderen Menschen einlassen, uns in einen anderen Menschen hineinversetzen. Die Wünsche, die wir Menschen haben, gleichen sich nämlich.

Es braucht auch die Achtsamkeit, die sich auf sich selbst und auf die eigenen Bedürfnisse richtet. Wenn das Leben in der Welt gefährdet ist, und das war es schon immer, im Moment scheint es uns aber besonders gefährdet zu sein, und unsere Identität damit, dann brauchen Menschen einen sicheren Ort, einen Raum, in dem sie sich selber fühlen können, in dem sie die Überzeugung haben, sich selbst zu sein. Menschen, die schwere Traumatisierungen erstaunlich gut überlebt haben, sprechen davon, dass sie in sich selber einen sicheren Ort gefunden haben, von dem sie wussten, dass die sie traumatisierenden Personen keinen Zugang dazu hatten. Dieser sichere Ort ist oft in der Vorstellung, in der Phantasie hervorgerufen. Oft ist es ein Ort in der äußeren Welt, den es wirklich gibt, verbunden mit einer Person, die in der Kindheit oder auch später Schutz und Unterstützung gegeben hat. Diese Schutz gebende Person kann auch aus Träumen oder aus Phantasien stammen, gelegentlich auch aus der Literatur. Dieser sichere Ort stellt eine Ressource dar: Man kann sich innerlich auf diesen sicheren Platz beziehen, man wird entängstigt und hat eine Erfahrung von Identität, die nicht weggenommen werden kann und unangreifbar ist. Das Selbstwertgefühl wird wieder besser, die kreativen Impulse wieder zugänglicher. Dieser „sichere Ort“ ist für jeden Menschen zunächst etwas Individuelles: Mein sicherer Ort. Es stellt sich aber doch die Frage, ob es heute nicht auch sinnvoll wäre, zusammen mit anderen Menschen solche sicheren Orte herzustellen. Man müsste dann allerdings miteinander auch über die Angst sprechen. Und man müsste dabei äußerst achtsam miteinander umgehen.

Notwendig ist wohl auch, eine neue, alte Eigenständigkeit zu entwickeln. Nicht einfach im Anpassen an das, was gerade in Mode ist, also eine diffuse, „sorglose“, unengagierte Identität, sondern eine originäre Identität zu haben mit einem festen Kern und mit einer großen Beweglichkeit an der Peripherie. Nicht Menschen, deren Identität zum Spielball für Medien und Kommerz wird, sind diejenigen, die auf Dauer ihr Leben gut leben, sondern Menschen, die ihre Identität aus den sozialen Bezügen, aus dem Tun in der Welt, aus den symbolischen Bezügen immer wieder neu herstellen. Die eigene Identität hat man nicht einfach; man hat sie zwar auch in Form der gelebten Vergangenheit und man muss sich aber auch immer wieder neu um sie kümmern. Menschen, die zu sorglos mit ihrer Identität umgehen, sind in Gefahr, sich unbewusst von autoritären Systemen bestimmen zu lassen. Sie wähnen sich zwar sehr frei von jeder Verpflichtung, unbewusst aber sehnen sie sich nach festen Strukturen. Autoritäre Systeme bieten die stärksten Strukturen und werden besonders dann attraktiv, wenn sie diese im Namen der Freiheit kaschieren.

Gelänge es uns, eine Anerkennungskultur zu pflegen, wären auch unsere Identität und unser Selbstwertgefühl besser. Statt einander das Selbstwertgefühl zu strapazieren, könnten wir es einander auch verbessern. Dazu müssten wir uns zum Vertauen entschließen, dass die anderen Menschen uns anerkennender begegnen. Man müsste sich grundsätzlich zum gegenseitigen Respekt entschließen und davon ausgehen, dass jeder Mensch grundsätzlich Respekt verdient.

Was hätten wir davon? Wir fühlten uns besser in unserer Haut, könnten besser mit den vielen Veränderungen, aber auch mit unseren Fähigkeiten umgehen, wir würden uns freier fühlen und wären verlässlichere Mitmenschen.

Sich vergleichen – aber richtig!

Die Beurteilungen, die wir von außen erhalten, sind widersprüchlich: Menschen, die uns lieben, sind in der Regel anerkennend, andere Menschen eher nicht. Es ist zwar wichtig, dass wir uns immer dem Urteil der anderen, der Mitwelt stellen, denn dies ist so etwas wie eine Realitätsprüfung, ob unsere Ideen über uns selbst auch der Wirklichkeit entsprechen. Aber die Bewertung von außen, muss nicht stimmen.

Wie immer im Rahmen der Identität, wird man sich, wie man außen beurteilt wird, auch mit dem, wie man sich von innen her beurteilt, vergleichen müssen. Wird man von außen zum Beispiel mit großen Vorwürfen konfrontiert, weil eine Arbeit nicht gut gemacht worden sei, man aber von innen her weiß, dass man eigentlich am Rand der Kräfte war und dieses eingedenk dieser Arbeit sogar sehr gut gemacht hat, so wird man nicht einfach die Beurteilung von außen übernehmen. Es wäre unsinnig, einfach eine Beurteilung von außen zu übernehmen, ohne ihre Situation zu berücksichtigen und ohne die Umstände zu beachten.

Äußere Vergleichsmaßstäbe, wie sie früher zum Beispiel die Kirche geboten hat, sind weggebrochen. Was bleibt, ist das Bewusstsein des Wertes vor sich selbst und des Wertes des gelebten Lebens vor dem eigenen Gewissen, ein Eigenwertgefühl also. Ein gutes Leben ist wahrscheinlich ein voll gelebtes Leben – und wenn es uns in Phasen unseres

Lebens gelingt, voll zu leben, dann fragen wir auch nicht danach, ob das Leben ein gutes Leben ist. Sobald unser Selbstwertgefühl etwas labiler ist, etwa, wenn man gerade viel Ärger, Angst oder körperliche Probleme hat, fängt man an zu vergleichen und zu zweifeln.

Die Lebenskunst besteht dann wohl darin, sich mit den „richtigen" Menschen zu vergleichen, mit solchen, neben denen man bestehen kann.

Wer Freude teilt, hat mehr davon

Ein Kind gönnt mir ein strahlendes Lächeln – das mich tief in der Seele erwärmt. Wie gut ist das Leben, wie bereichernd sind menschliche Beziehungen, wie reich sind wir, wenn Menschen gönnen können! Wir teilen frei-gebig, was wir haben, mit anderen Menschen, wir gönnen ihnen aber auch, wenn sie in der Gunst des Schicksals stehen.

Wer gönnend ist, ist freigebig – ein gebender, ein frei gebender Mensch. Gönnend zu sein heißt nicht nur, dem anderen Menschen nicht zu missgönnen, was er oder sie hat und was uns attraktiv erscheint. Gönnend zu sein heißt auch, dem anderen Menschen etwas von uns zu geben. Der gönnende Mensch geizt nicht mit den eigenen Gaben: Er gönnt uns eine Idee, einen Einfall, eine Geschichte. Er schenkt, sie gibt – und zwar frei-gebig, nicht aus Berechnung, sondern aus der Freude darüber, dass man Zugang hat zum Reichtum des Lebens und der Beziehungen; und gelingt es uns, diesen auch dem anderen oder der anderen zu verschaffen, dann wird dieser Reichtum mehr. Teilt man Freude wirklich, dann wird sie mehr!

Wer gönnend ist, kann sich mitfreuen. Wir gönnen einem anderen Menschen das Glück, die Freude, die wunderbare Idee, den Erfolg. Wir müssen nicht missgünstig sein, das Glück des anderen stimmt uns nicht missmutig, es verstimmt uns nicht. Im Gegenteil: Wir fühlen uns mit beschenkt, wir stehen mit in der Gunst, und so können wir den anderen Menschen in seinem glückhaften Erleben bestätigen und damit seine Freude mehren. Wechselseitig verstärken wir so einander das Gefühl der Freude, aber auch die Erfahrung, gerade jetzt besonders in der Gunst des Schicksals zu stehen. Sind wir gönnend, dann fühlen wir uns reich, sind einverstanden mit uns, mit den anderen Menschen und mit der Welt. Unser Herz ist weit – und wir können das Leben auch mit dem weiten Herzen wahrnehmen, nicht mit dem engen Herzen der Angst oder der Missgunst.

Menschen, die die Gunst der Mitmenschen, aber auch die Gunst des Schicksals erleben durften, können leichter gönnend sein. Wir lächeln ein Baby an, es lächelt zurück, dies löst wiederum bei uns ein Lächeln aus, und das Baby lächelt noch einmal zurück ... Diese Lächelinteraktionen, die unter guten Umständen sehr oft erfolgen, geben dem Baby das Lebensgefühl, ein erfreulicher Mensch in einer erfreulichen Welt zu sein: die Grundlage dafür, dass Menschen das Gefühl eines akzeptierten Selbsts entwickeln, das immer auch in Beziehung zum Selbst von anderen Menschen steht, und von diesen bestätigt oder eben auch in Frage gestellt werden kann. Aber auch wenn man in seiner frühen Kindheit weniger mit freudigem Interesse bedacht worden ist, kann man später lernen, ein gönnender Mensch zu werden. Man braucht damit nicht zu warten, bis man alle Probleme aufgearbeitet hat, bis man sich mit sich selber so ganz und gar einverstanden erklären kann – das könnte dauern. Man kann sich dazu entschließen, auch ein gönnender Mensch zu sein. Es gibt Situationen, in denen uns das leichter fällt. Da können wir ausprobieren: Wie fühlt es sich an, ein gönnender Mensch zu sein? Gerade durch dieses Gefühl gelingt es uns, uns besser zu akzeptieren, mehr einverstanden zu sein mit uns selbst. Und dadurch können wir noch gönnender werden.

Aber selbst wenn wir die Gunst des Schicksals oft erlebt haben, ist es nicht selbstverständlich, dass wir gönnend sind. Und es gelingt uns auch nicht immer. Es ist leichter, gönnend zu sein, wenn es uns gut geht. Gönnend können wir aber auch sein, wenn es uns gerade nicht so gut geht, vorausgesetzt wir wissen, dass im Leben gute und schlechte Zeiten einander abwechseln. Indem wir gönnend sind, bringen wir auch unser Vertrauen zum Ausdruck, dass wir trotz allem noch immer in der Gunst des Schicksals stehen, auch wenn sich die Gunst gerade nicht zeigt.

Gerade dann, wenn wir uns dieses Gönnen auch etwas abringen müssen, wenn wir uns wehren müssen gegen Gefühle des Neides oder der geizigen Kleinlichkeit, wird uns bewusst, wie wohltuend sich davon das Gefühl abhebt, ein gönnender Mensch zu sein; nicht dieser kleinliche Mensch, der zwanghaft vergleichen muss und immer bereit ist, sich als Zu-kurz-Gekommener zu verstehen!; nicht der abwertende Mensch, der es eigentlich nicht erträgt, dass ein anderer, eine andere vom Glück begünstigt ist, nein, der wohlwollende Mensch, der freigebige Mensch, der Mensch, der sagen kann: Ich kann mich mit Dir freuen, ich kann auch etwas abgeben, denn auch ich habe genügend! Gönnend sind wir mit uns selbst, mit unserem Schicksal und mit den anderen einverstanden. Im Gönnen wird uns aber auch bewusst, dass der andere Mensch wirklich ein anderer ist: eine Bereicherung, eine Herausforderung, einer, der auch auf unser Wohlwollen angewiesen ist.

Gönnende Menschen geben uns ihr freudiges Interesse, ihre Anerkennung, den Ausdruck ihrer Zufriedenheit darüber, dass das Leben es gerade jetzt gut mit uns meint. Im Erleben der Gunst eines anderen Menschen fühlen wir uns in hohem Maße miteinander verbunden – und sind dankbar dafür. Der wirklich gönnende Mensch ist nicht gönnend etwa aus Berechnung, sondern aus einem Seelenreichtum. Er schenkt uns etwas, nicht weil er uns etwas schuldig ist, sondern weil es ihn oder sie freut, wohlwollend zu sein. Und dieses Geschenk, auch wenn es „nur“ ein strahlendes Lächeln ist, ist eine Kostbarkeit, für die wir dankbar sein können.

Wenn einem die Freude verdorben wird

Ein 43-jähriger Mann, ich nenne ihn hier Otto, ist sehr erfolgreich, fühlt sich aber „abgestellt", freudlos. Er hat einfach keine Lebensfreude, ist aber nicht im klinischen Sinne depressiv. Die Menschen in seiner Umgebung seien auch freudlos, oder vielleicht würden sie es mit der Zeit ebenfalls. Er stellt fest, dass seine Kinder in seiner Anwesenheit auch etwas freudlos seien, mit anderen Menschen zusammen seien sie viel freudiger, unbeschwerter. Er verlange dann von ihnen, sie sollten bei ihm auch freudiger sein, aber das gehe natürlich nicht. „Man kann ja Freude nicht befehlen."

Er sagt: „Aber mir verdirbt man sowieso immer die Freude. Andere haben freudige Kinder. Wenn ich etwas mit meinen Kindern mache, das ihnen Freude bereiten soll, dann sind sie bestimmt nicht freudig. Mir ist dann auch die Freude verdorben.

Wenn ich mit meinem Team feiern gehen will, dann freuen die sich nicht. Fast alle sagen ab, haben einen guten Grund, nicht mit mir zu feiern. Die verderben mir auch die Freude. Eine Mitarbeiterin, die uns verließ, gab mir eine Antwort auf die Frage, warum hier nicht gefeiert werden könne. Sie sagte, ich könne gar nicht feiern, es komme einfach keine Stimmung auf, und das sei mühsam."

Erinnert er sich an eine Situation, in der ihm die Freude so verdorben wurde, dass ihm diese Situation noch heute präsent ist, noch heute ab und zu in den Sinn kommt?

„Ich war etwa acht Jahre alt: Wir haben voll Begeisterung Purzelbäume geschlagen, Hechtrollen geübt. Wir waren einige Jungen und wir versuchten, einander zu übertreffen. Mein Großvater schaute begeistert zu und feuerte uns an. Dann kam meine Mutter und beendete unser Spiel. Sie sagte: ‚Du trägst deine besten Sachen!' Und: ‚Morgen hast du dann wieder Kopfschmerzen, du brauchst dann nicht zu klagen.' Und am Abend sagte sie: ‚Kannst du dir nicht andere Freunde suchen?' Sie meinte damit Kinder, die weniger wild waren, die eher Bücher lasen."

Auf die Frage, wie er seine Reaktion auf die mütterliche Intervention erinnert, erzählt er:

„In der Situation reagierte ich mit Wut und großer Scham. Wut, dass das schöne Spiel zum Erliegen kam. Scham, weil alle meine Kumpels jetzt hörten, dass ich oft Kopfschmerzen hatte, dass ich ein Schwächling war. So deutete ich selber meine Kopfschmerzen, andere Kinder hatten keine Kopfschmerzen, nur ich! Das hat mich sehr beschämt. Ich wollte doch genauso belastbar sein wie die anderen und war es wahrscheinlich auch. Das mit den Kleidern, das war schon ein Punkt: Den verstanden wir alle. Wir hatten nicht so viel gute Kleider und es war schon falsch, so herumzutollen in den guten Kleidern."

Den Großvater erinnert er so: „Großvater schaute begeistert zu, er hat sogar ausprobiert, ob er auch noch einen Purzelbaum schlagen kann. Das war oft so, nicht nur dieses eine Mal, als uns die Mutter erwischt hat. Wir wurden dann alle immer begeisterter, es gab dann eine unsanfte Landung. Und die Mutter meinte jeweils kopfschüttelnd, der Alte müsste es doch eigentlich besser wissen."

Mit dem Großvater konnte sich ein Freudenzirkel entwickeln: Die Freude des einen stimulierte die Freude der anderen, was wiederum noch mehr Freude auslöste. Aber Otto konnte diesen Aspekt der Freudenvermehrung nicht einfach als eine gute Erfahrung stehen lassen. Er übernahm die Wertung der Mutter: „Es oder er ist schon ein wenig kindisch."

Dass der Großvater begeistert zugeschaut habe, meinte Otto, habe ihm das Gefühl gegeben, das Spiel sei doch ein wenig in Ordnung. Aber die Kritik der Mutter – sie hat ja auch den Großvater kritisiert – war viel gravierender. Sie war im Alltag meine wichtigste Bezugsperson, ihr wollte ich gefallen oder zumindest nicht sehr missfallen."

Schon bevor ihm die Mutter die Freude verdirbt, wird die Freude schon als etwas Kindisches hingestellt und wird bereits „verdächtigt".

Otto hat dies gut verinnerlicht. Während seiner Geschäftsreisen, so erzählt er, möchte er manchmal gerne joggen gehen. Meistens aber hat er keine Sportkleidung dabei – und die guten Kleider mag er nicht verschwitzen oder nicht noch zusätzlich verschwitzen. Also geht er nicht joggen. Stattdessen versucht er dann, etwas Anspruchsvolles zu lesen. Das aber gelingt ihm oft genug nicht. Das ist auch verständlich, denn er möchte ja eigentlich joggen gehen. Er möchte ausspannen, in Kontakt mit seinem Körper kommen. Eigentlich würde er auch gerne häufiger Ski fahren. Aber er tut dies meistens nicht aus Angst, er könnte sich dabei übernehmen und dann einige Tage nicht fit sein. In einer ähnlichen Weise verdirbt er auch seinen Kindern die Freude. Er erinnert sie daran, dass die Kleidung geschont werden muss, ja sogar die Sportkleidung; und er warnt in jeder Situation vor körperlicher Überlastung. Seine Kinder wehren sich und beschweren sich darüber, dass er ihnen ständig die Freude verderbe. Und dann ist auch ihm die Freude verdorben. Doch ihm ist nur wenig bewusst, dass er es ist, der sich selber die Freude verdirbt.

Es gibt also Menschen, die Freude zum Erlöschen bringen: Dann kann Freude entweder gar nicht geteilt werden oder nur in einem ganz bestimmten Rahmen. Mit diesen Menschen wird man kaum die Situationen herstellen oder aufsuchen, die wirklich Freude auslösen.

Besonders Erfahrungen mit dem Körper können viel Freude auslösen: die Freude an der Bewegung, die Freude am Genießen mit allen Sinnen, die wir haben, die Freude an körperlicher Nähe. Werden uns diese Freuden in der Kindheit verdorben, bewirkt das nicht nur, dass wir wenig freudig sind und unsere Lebensfreude beeinträchtigt ist. Auch das Selbstwertgefühl leidet darunter. Gerade Kinder können Erwachsene mit ihrer oft noch ungehemmten Freude anstecken. Lassen diese sich dann anstecken und wenden sich in der Folge dann mit einer freudigen Resonanz den Kindern wieder zu, verstehen diese sich als „erfreuliche Wesen", ihr Selbst, ihr Selbstgefühl und ihr Selbstwertgefühl werden gestärkt.[11]

Warum wird die Freude nicht geteilt? Oft geschieht das aus Neid. Menschen, die sich freuen, haben etwas sehr Begehrtes, denn sie zeigen, dass sie sich am Leben freuen können, und das ist ein großer Reichtum.

Die Mutter von Otto scheint allerdings nicht neidisch, sondern eher sehr ängstlich zu sein. Sie versucht, Angst zu vermeiden, und damit vermeidet sie auch Freude. Ihr Wertesystem ist eher körperfeindlich orientiert – und diese Orientierung hat auch ihr Sohn übernommen: Geistige Freuden gelten auf jeden Fall als besser als körperliche Freuden. Doch man erlebt wohl am meisten Freude, wenn man beide Freuden im Leben erleben kann.

Sich befreunden können

Ist es nicht besser, sich Freundinnen und Freunde zu machen im Leben als nur Feinde? Sich zu freuen mit Freunden statt sich wehren zu müssen gegen Feinde?

Sich mit anderen Menschen zu befreunden, gibt dem Leben eine große Geborgenheit. Ohne sich befreunden zu können, fehlte einem die Luft zum Leben!

Ähnlich dachte schon Aristoteles, der sich umfassende, anregende Gedanken über die Freundschaft gemacht hat. „Denn ohne Freunde würde niemand leben wollen, auch wenn er alle anderen Güter besäße", sagte er vor mehr als zweitausend Jahren.[12]

Sich befreunden – eine Beziehungsform und zugleich eine Lebensform, bei der man sich fragt, welchen Menschen man freiwillig mit Wohlwollen begegnet und wie man dieses Wohlwollen auch so ausdrückt, dass es für den Freund oder die Freundin sichtbar und erlebbar wird. Vermag unser Wohlwollen nicht auch beim anderen Menschen Wohlwollen zu wecken, dann können wir uns nicht mit ihm oder ihr befreunden. Um sich zu befreunden, braucht es ein wechselseitiges Wohlwollen, das wir zeigen müssen, das wir annehmen müssen und das wir uns auch bis zum Ende einer Freundschaft erhalten müssen.

Das Wohlwollen zeigt sich darin, dass man dem Freund, der Freundin nur das Beste wünscht und man sich auch dafür einsetzt, dass dieses „Beste", wann immer möglich, erreichbar wird. Vom Freund, von der Freundin erwartet man aber auch nur das Beste, ohne es anzumahnen, sonst verliert die Freundschaft ihren emotionalen Kern. Mehr noch: Man erwartet sogar, dass er oder sie weiß, was im Moment das Beste ist – und weil man befreundet ist, artet das nicht etwa in große Anstrengung aus; man weiß es eben.

Und was hat man von einer Freundschaft? Die Erfahrung, dass es unter den Menschen verlässlich solche gibt, die uns wohl wollen und denen wir wohl wollen, auch angesichts von Meinungsverschiedenheiten, Kränkungen, Enttäuschungen.

Auch die Erfahrung, dass man mit diesen Menschen sich geborgen fühlen und auch angeregt und herausgefordert werden kann. Freunde sind immer gut für eine Inspiration zum guten Leben. Freundschaftsbeziehungen sind die Oasen im gelegentlich etwas dornigen Gestrüpp der menschlichen Beziehungen, sie sind auch ein Netz, das trägt, wenn man einmal ins Leere abzustürzen droht. Mit diesen existentiell so wichtigen Freundschaftsbeziehungen meint man natürlich nicht die Nutzfreundschaften, nicht einmal die Lustfreundschaften, auch wenn in jeder Freundschaft natürlich auch Nutzen und Lust ist, sondern man meint die „Seelenfreundschaften".

Eine Freundschaft muss wachsen: Freunde und Freundinnen sind Menschen, die uns ansprechen, die uns gefallen, auf die wir neugierig sind. Diese Neugier mündet dann in ein nachhaltiges Interesse. Sie müssen etwas mitbringen, was wir für unser Leben als Bestätigung und als Herausforderung, auf jeden Fall als Bereicherung verstehen, auf welcher menschlichen Ebene auch immer. Freunde und Freundinnen bereichern das Leben, sie fordern uns nicht selten heraus, noch brachliegende Aspekte unserer Persönlichkeit zu entwickeln, ganz besonders zu Beginn einer neuen Freundschaft, aber auch, wenn sie selber Entwicklungssprünge machen.

Sich befreunden kann man sich nur mit Menschen, die sich im Laufe der Zeit als vertrauenswürdig erweisen. Bei einer Befragung nach dem Wesen der besten Freundin sagten Frauen, es sei die Freundin, bei der sich am wenigsten Vertrauensbrüche ereignet hätten oder bei der diese Vertrauensbrüche gut wieder verarbeitet werden konnten und man wieder neues Vertrauen riskieren konnte. Eigentlich kann man sich erst wirklich befreunden, wenn man einander vertrauen kann. Deshalb ist es auch schwer zu sagen, wann genau man sich befreundet hat. Man weiß, wann man sich zum ersten Mal gesehen hat. Aber wann die Freundschaft begonnen hat, das wissen wir meistens nicht wirklich. Sich zu befreunden als Haltung, etwa im Gegensatz zu sich abzuschotten oder sich zu verfeinden, heißt auch, sich zum Vertrauen zu entschließen – und sich als vertrauenswürdig erweisen zu wollen. Natürlich wird man nicht einfach naiv vertrauen, aber Vertrauen ist bei Menschen, die sich befreunden, eine Kategorie im Leben, die vor dem Misstrauen kommt. Wo man vertraut, da kann man sich auch zeigen, wie man ist, kann man über Stärken und Schwächen sprechen, ohne Neid oder Scham und Abwertung befürchten zu müssen. Ganz abgesehen davon, dass der Ort des Vertrauens auch ein Vertrautsein ermöglicht: eine gute Nähe, ein Gefühl, dass wir uns auch in geheimen Regungen diesem Menschen zeigen dürfen, dass wir uns aber auch an diesen Menschen wenden können, wenn wir in irgendeiner Weise bedürftig sind, wenn wir emotional belastende Probleme haben.

Freundschaft hat auch etwas mit Freundlichkeit zu tun, aber sie ist viel mehr als Freundlichkeit. Unter Freunden ist man im Grunde genommen freundlich gesinnt, auch wenn man gerade recht unfreundlich miteinander umgeht. Freundlichkeit ist ein großes Gut. Man kann sich in einer Freundschaft auf die grundlegende Freundlichkeit verlassen, und sonst kann man nicht wirklich befreundet sein.

Freundschaft – eine Beziehung, die man als freier Mensch freiwillig eingeht, nicht aus Abhängigkeit – ist auch eine Beziehung, die frei macht. In der Freundschaftsbeziehung werden wichtige Beziehungswerte gelebt, ohne dass die meisten lange darüber nachdenken. In einer Studie über die Beziehung von Frauen zu ihrer besten Freundin[13] habe ich Beziehungsqualitäten dieser Freundschaftsbeziehung heraus destilliert. Diese könnten auch

Beziehungsqualitäten einer Beziehungskultur sein, wenn es uns denn wichtig wäre, eine Beziehungskultur zu haben.

Zentral wichtig in diesen Freundschaftsbeziehungen ist Achtsamkeit. Damit ist gemeint, dass die Frauen einander sehen, einander wahrnehmen, einander anerkennen, sich wirklich interessieren füreinander. Gefühle müssen wahrgenommen werden: die der Freundin, aber auch die eigenen. Es geht bei diesem Gesehenwerden nicht nur um Akzeptanz, sondern auch um Herausforderung, um ernsthafte Fragen an die andere. Einen anderen Menschen achtsam wahrnehmen können wir nur, wenn wir uns in ihn oder sie hineinversetzen können, auch und besonders dann, wenn sie etwas macht, denkt, vorschlägt, was die Freundin eigentlich nicht verstehen kann. Achtsamkeit steht der Haltung des Dominierenwollens entgegen und geht davon aus, dass jeder Mensch ein Du braucht, um immer wieder auch zu sich selber zu finden.

Achtsamkeit ist auch den eigenen Gefühlen in der Freundschaftsbeziehung gegenüber wichtig, besonders den Gefühlen des Ärgers. Unser Ärger reguliert die Abgrenzung zu anderen Menschen. Wenn wir uns ärgern, heißt das, dass unsere Grenzen, die uns auch als Persönlichkeit ausmachen, von einem anderen Menschen in unzulässiger Weise nicht akzeptiert oder überschritten werden, oder aber, dass wir in einer Weise in die Schranken gewiesen werden, die uns missfällt. Den Ärger wahrzunehmen bedeutet, diese Grenzschwierigkeiten wahrzunehmen und sie ansprechen zu können. Gerade in einer Beziehung, in der man sich sehr nah ist, ist es auch wichtig, ein eigenständiger Mensch zu bleiben, den anderen mitzuteilen, wenn die Grenzen überschritten werden. Durch das Wahrnehmen des Ärgers, der auf neue Grenzziehungen oder auf neue Sensibilisierung auf Grenzen hinweist, ist es möglich, Nähe und Distanz in diesen Freundschaften immer wieder neu so zu bestimmen, wie es für die Beteiligten notwendig ist.

Sind wir in einer Freundschaftsbeziehung achtsam, können wir auch dort wohlwollend sein, wo der andere Mensch es auch wirklich braucht – oder einfach, wo es besondere Freude macht. Achtsam können wir nur dann sein, wenn wir mit Enttäuschungen umgehen können, wenn wir akzeptieren, dass der Freund, die Freundin ein anderer Mensch ist, mit eigenen Vorstellungen, mit einem eigenen Leben und deshalb sich immer einmal nicht so verhält, wie wir es uns wünschen würden. Befreundet bleiben können eigentlich nur Menschen mit einem großen Herzen, die auch fähig sind, vieles zu verzeihen und sich immer wieder miteinander zu versöhnen. Vielleicht aber zeichnet sich gerade die Freundschaftsbeziehung dadurch aus, dass man sich auch bei Streitereien und Enttäuschungen, die natürlich vorkommen, wieder versöhnen kann. Um sich versöhnen zu können, muss man empathisch sein mit dem anderen Menschen, muss sich in ihn oder sie hineinversetzen können, mildernde Umstände finden und das Vertrauen riskieren, dass trotz der Enttäuschung, die wieder vorkommen wird, man doch die Nähe immer wieder finden wird.

Ein weiterer Beziehungswert in der Frauenfreundschaft ist die Verfügbarkeit: Freundinnen können auf ein emotional belastendes Problem hin, auf eine Hilfeleistung hin angesprochen werden. Man kann dazu stehen, dass man jetzt Hilfe braucht. Man kann sich einander zumuten, ohne eine Zumutung zu sein. Das ist ein wichtiger Aspekt von Freundschaft. Sich einander zumuten, ohne letztlich eine Zumutung zu sein, ist allerdings nur dann möglich, wenn man sich der Grenzen der Zumutbarkeit, die immer einmal verschieden sind, bewusst ist, wenn man diese so formulieren kann, dass die Freundin nicht oder nur vorübergehend verärgert ist. In diesem Zusammenhang ist die Wechselseitigkeit der Freundschaft nicht aus den Augen zu verlieren: Eine Freundschaft, in der eine immer gibt, die andere immer nur nimmt, ist keine Freundschaft. Wechselseitigkeit muss jedoch nicht ständig und in jeder Situation erfolgen, und es geht auch nicht darum, dass man dasselbe oder im gleichen Maße zurückgibt. Freundschaft kann durchaus über eine gewisse Zeitspanne Einseitigkeit vertragen, wenn es denn das Leben fordert, aber irgendwann und irgendwie muss auch wieder ausgeglichen werden.

Achtsamkeit und Verfügbarkeit werden in einer Beziehung erst zu Werten, wenn man sich darauf verlassen kann, dass diese Werte auch gelebt werden. Verlässlichkeit ist der Wille zur Kontinuität dieser Beziehung, auch wenn Schwierigkeiten auftauchen. Dieser Wille zur Kontinuität und damit auch zur Fortdauer der Beziehung, zum Wachsen einer Beziehung, wird in der punktuellen Verlässlichkeit erlebt und auch gewertet als Bekenntnis zu dieser Freundschaft.

Diese Werte der Achtsamkeit, Verfügbarkeit und Verlässlichkeit werden in einer Atmosphäre von Freundlichkeit, Zärtlichkeit und von Freude gelebt. Zärtlichkeit ist eine Haltung, die das Zarte im anderen und in sich selbst begreift, es aus dem anderen Menschen auch herausliebt. Im Zarten zeigt sich oft das, was gerade neu am Werden ist. Damit Zärtlichkeit nicht zu einem Verzärteln wird, muss dem anderen Menschen auch das Wilde, Harte zugemutet werden können. Die Freude ist die Grundemotion in der Freundschaft: Man erlebt miteinander Freude, kann die Freude teilen, freut sich aneinander und aufeinander. Wenn wir uns freuen, sind wir einverstanden mit uns selbst und mit der Mitwelt. Wir erleben ein gutes Selbstwertgefühl – und wir sind geborgen im Leben. Können wir Freude miteinander teilen, so wird die Freude mehr. Natürlich verderben sich auch Freunde und Freundinnen gelegentlich die Freude – aber selten. Es gehört zur Freundschaft, dass man sich mit dem befreundeten Menschen mitfreuen kann, dass wenig Neid zu erleben ist – oder dass man, tritt er denn auf, miteinander über den Neid sprechen kann. Menschen, die sehr neidisch sind, missgünstig – auch bei ihren besten Freunden und Freundinnen –, können sich nicht wirklich befreunden. Sie werden eher Nutzfreundschaften eingehen, die dann auch wieder beendet sind, wenn kein Nutzen mehr zu erwarten ist. Freundschaften helfen uns aber auch, mit dem Neid umzugehen. Gerade weil man dem Freund, der Freundin wohl will – und das aus freien Stücken – ist es leichter, gönnend zu sein als bei Menschen, die einem gleichgültiger sind. Und weil man sich mit ihnen verbunden fühlt, hat man an der Gunst des guten Schicksals, das sie ereilt, auch etwas teil. Ja, man denkt doch oft, man sei in gewissem Sinne sogar daran beteiligt. Also kein Grund, missgünstig zu sein.

Sich zu befreunden heißt natürlich nicht, den anderen Menschen zu idealisieren, in ihm oder in ihr nur die angenehmen Seiten zu sehen. Würde man das tun, man wäre rasch enttäuscht und ernüchtert. In einer Freundschaft sieht man gut, aber mit wohlwollenden Augen. Man sieht die Schattenseiten des Freundes oder der Freundin, man sieht gut, was schwierig zu akzeptieren ist. Aber gerade weil es der Freund oder die Freundin ist, die diese lästigen Persönlichkeitszüge haben, werden sie ihm oder ihr verziehen. Man rechnet mit ihnen, so wie man auch vom Freunde erwartet, dass er mit unseren für ihn schwierigen Seiten rechnet. Man muss einander nichts vormachen, man kann einander aber auch nichts vormachen. Das bedeutet nicht, dass man diese schwierigen Seiten nicht anspricht und immer auch einmal Besserung anmahnt. Dieses Anmahnen ist aber großzügig und rechnet nicht wirklich mit Besserung, sondern eher damit, dass Menschen sich nicht so leicht verändern. Die Freundschaft beruht letztlich auf Freiwilligkeit. Und auch wenn Freundschaften oft lange dauern, eine beachtliche Kontinuität aufweisen, die Basis ihrer Freiwilligkeit macht sie auch im Handhaben der Schwierigkeiten freier als andere Beziehungsformen. Gewiss, viele Probleme werden reguliert, indem man sich weniger sieht, die Freundschaften eigentlich gar nicht mehr wirkliche Freundschaften sind, die aber relativ rasch wieder belebt werden können, wenn es die Umstände erfordern.

Wie kommt man zu dieser Haltung des Sich-Befreundens? Um sich mit anderen Menschen befreunden zu können, muss man sich mit sich selber befreunden – meinte Aristoteles. Was heißt das? Zunächst einmal, sich selber mit Wohlwollen betrachten – und dies auch immer einmal zum Ausdruck bringen, sich selber gegenüber. Mit der Freiwilligkeit ist es natürlich nicht so weit her. Ich bin nicht frei, mein Leben mit mir zu verbringen, aber ich kann lernen, gut mit mir auszukommen. Betrachtet man die Beziehungswerte, die in einer Freundschaftsbeziehung liegen, so wird von Anfang an deutlich, dass die Freundschaft eine reziproke Beziehung ist. Wir können nicht achtsam den anderen Menschen gegenüber sein, wenn wir nicht achtsam unsere Gefühle wahrnehmen, die uns immer wieder darüber orientieren, wie wir uns zu verhalten haben. Wir können nicht zuverlässig sein, wenn wir uns nicht auch zuverlässig um uns selbst kümmern, wenn wir nicht auch zugeben, dass unser Leben Ansprüche an uns stellt, dass unser Körper Ansprüche an uns stellt. Haben wir nur unseren Griesgram kultiviert, werden wir bei Freunden kaum unsere freudige, freundliche Seite leben können. Aber: Indem wir uns mit anderen Menschen befreunden, sind wir herausgefordert, und ist es für uns auch leichter, uns immer wieder neu mit uns selbst zu befreunden. Immer wieder neu – das ist dabei wichtig.

Das Hemmnis bei dem Befreunden mit sich selbst ist dasselbe, das uns auch bei den Freunden und Freundinnen Kummer macht: die Aspekte unserer Persönlichkeit, die unserem Bild von uns selbst widersprechen, der Schatten[14], bewirkt, dass wir immer einmal wieder mit uns zerfallen sind. Aber gerade in diesem Zusammenhang kann der Freund, die Freundin helfen: Sie finden für ihr schattenhaftes Verhalten mildernde Umstände, begegnen ihm mit Wohlwollen, ohne die Situation zu verharmlosen. Damit ist viel getan für die Selbstbefreundung, auch mit schwierigeren Aspekten unserer Persönlichkeit. Und wir wissen: Erst dann, wenn wir unsere Schwierigkeiten wohlwollend als zu bearbeitende Schwierigkeiten annehmen können, können wir sie auch verändern. Gelegentlich haben wir Sehnsucht nach einem anderen Selbst, wir spüren, dass etwas anderes in unserem Leben noch möglich wäre oder ansteht. Der Freund, die Freundin sieht das manchmal rascher, als wir es selbst sehen – und fordert zur Entwicklung heraus. Oder aber umgekehrt: Der Freund, die Freundin behaftet uns mit unserem alten Selbst, um selber nicht herausgefordert zu werden oder um nicht in Gefahr zu kommen, die Freundschaftsbeziehung zu verlieren. Freundschaften verändern sich, wenn wichtige neue Lebensthemen der einen oder des anderen gelebt werden. Die eine beginnt ein Studium, die andere gründet eine Familie mit Kindern; der eine macht Karriere, der andere versucht sich gerade als Aussteiger …

Freundschaften werden freiwillig eingegangen, doch sie haben keinen Beliebigkeitscharakter. Denn viele Freundschaften haben eine große Kontinuität, überleben viele Stürme im Leben. Kontinuität ist wichtig für die Erfahrung der Identität. Manchmal sind Freunde und Freundinnen unser Gedächtnis: Sie wissen besser als wir selbst, was uns in einem bestimmten Lebensabschnitt als Persönlichkeit auszeichnete, was uns interessierte, wie ein Schicksalsschlag auf uns gewirkt hat, wie wir eine gewisse Entscheidung getroffen haben und vieles mehr. Gemeinsam kann man an der Erinnerung arbeiten. „Weißt du noch …?“ So etwas schweißt zusammen.

Aber bei allem Willen zur Kontinuität: Freundschaftsbeziehungen verändern sich – manche sind noch „historische“ Freundschaften, die nicht mehr aktuell gelebt werden, die aber immer noch aus der Erinnerung an einen gemeinsamen Lebensabschnitt leben und sich speisen können und aus dem ursprünglichen Wohlwollen, das man einander entgegengebracht hat und das in einem gewissen Maße immer noch vorhanden ist.

Sich zu befreunden heißt, sich selber und anderen Menschen freiwillig mit Wohlwollen zu begegnen, eher zu vertrauen als zu misstrauen, auch wenn man weiß, dass Vertrauensbrüche vorkommen können. Man ist bereit, zu verzeihen und sich zu versöhnen. Diese Haltung ist eine Haltung, die sich auch Menschen gegenüber zeigt, die nicht im engeren Sinne mit uns befreundet sind, ja man kann sie sogar Lebensumständen gegenüber einnehmen. Man hat einfach eher die Tendenz, sich mit allem Möglichen anzufreunden und sich nicht gleich zu verfeinden.

Freundschaften könnten uns Anregung geben, wie menschliche Beziehungen heiler werden könnten.

3.

ERFÜLLUNG FINDEN

Zu viele und zu wenige Erwartungen

Jeder Mensch hat Erwartungen an sich. Mehr oder weniger bewusst haben wir ein Konzept vom „guten Leben“, davon, wie sich unser Leben als ein gelungenes Leben vom Ende her gesehen beurteilen lässt. Dabei geht es nicht nur um Erwartungen an das Leben selber, sondern auch um Erwartungen an uns: Wie sollen wir als Menschen leben? Welche Werte sollen wir verwirklichen? Wie sollen wir uns überhaupt verwirklichen? Welche offenen und welche geheimen Ansprüche stellen wir an uns selbst? Erwarten wir, dass wir der Nachwelt etwas Sichtbares hinterlassen? Dass wir reich werden? Bedeutend? Dass wir einer Gemeinschaft dienen?

Diese Erwartungen sind zum einen geprägt durch die Erwartungen, die unsere Beziehungspersonen in uns gesetzt haben, unsere Eltern, Großeltern, Lehrer und Lehrerinnen, Geschwister usw. Später kommen auch unsere Partner und Partnerinnen ins Spiel. Aber auch wir selber entscheiden uns immer wieder außerhalb dieser prägenden Beeinflussungen, wie wir unser Leben gestalten, welche Ziele wir anpeilen wollen. Dabei unterscheiden wir eine Orientierung auf eher kurzfristige Ziele und eine auf langfristige Ziele. Sind unsere Erwartungen zuwenig in Übereinstimmung mit unseren Fähigkeiten, aber auch mit unseren Eigentümlichkeiten als Person, so werden wir in unseren Erwartungen enttäuscht werden. Bei den kurzfristigen Zielen, die wir zu erreichen erwarten, gelingt es uns, unsere Erwartungen immer wieder zu korrigieren, so dass sich unsere Enttäuschung in Grenzen hält. Die Erwartungen werden auf diese Weise der Realität, in der wir leben, angepasst.

Wenn indessen die langfristigen Erwartungen, die uns oft nicht wirklich bewusst sind, die aber, wenn auch nicht deutlich wahrgenommen, als Maßstab im Hintergrund unseres Erlebens sind, nicht erfüllt werden, kann uns das sehr unglücklich und unzufrieden machen.

Eine Frau um die 40 mit einer Gesangsausbildung und verschiedenen Engagements entschloss sich, nachdem ihre Kinder geboren waren, Gesangsunterricht zu geben und nicht mehr als Sängerin aufzutreten. Das schien für sie stimmig zu sein. Dennoch wurde sie immer unzufriedener. Als sie in therapeutischen Gesprächen dieser Unzufriedenheit auf den Grund ging, wurde ihr immer mehr bewusst, dass ihre Entscheidung einerseits für sie durchaus stimmig war. Es gab aber in ihrer Psyche und auch in ihren Träumen Stimmen, nicht zuletzt von Sängerinnen in ihrer Herkunftsfamilie, die zum Ausdruck brachten, dass eine Sängerin, die nur noch unterrichtete, bereits abgestiegen sei – und ihr Lebensziel klar verpasst habe. Nun war der Konflikt benannt – und sie konnte sich damit auseinander setzen, neue Werte für ihr Leben zu finden und zu setzen.

Man kann zuviel von sich verlangen – man kann zu wenig von sich verlangen.

Erwartet man zuviel von sich, hat man zu hohe Ansprüche. Oft korrespondiert diese Haltung mit wenig Vertrauen in das gütige Schicksal und mit wenig Hoffnung, das Leben auch gestalten zu können. In der Folge kann man dann mit einer depressiven Erkrankung reagieren. Erwartet man zu wenig von sich, kann einen der Neid heimsuchen angesichts von Menschen, die mehr aus ihrem Leben machen. Der Neid macht uns deutlich, dass wir vielleicht doch auch ein anderer oder eine andere sein könnten, dass wir vielleicht doch zu wenig aus unserem Leben machen.

Unsere Erwartungen an uns selbst und an unser Leben können und müssen wir nicht allein erfüllen. Wir stehen immer in Beziehungen zu anderen Menschen und zu den Dingen und Situationen, die andere Menschen schon geschaffen haben. Es gibt aber Menschen, die meinen, alle ihre Erwartungen vor allem selber erfüllen zu mussen. Sie können keinen guten Gebrauch von den Mitmenschen machen: Sie haben vermutlich im Laufe ihres Lebens nicht erfahren, dass im Zusammensein mit anderen Menschen mehr möglich ist, als wenn man alles allein macht. Sie haben nur selten erlebt, wie hilfreich gerade in problematischen emotionalen Momenten des Lebens Mitmenschen sein können, die präsent sind, verstehen, innerlich mitgehen und dadurch einen Raum bieten, in dem Emotionen sich verändern können. Da sie andere Menschen nicht als hilfreich erlebt haben, vielleicht sogar als störend, meinen sie, die Kontrolle behalten zu müssen, damit die guten Erwartungen nicht beeinträchtigt werden. Sie verlangen deshalb auch sehr viel von sich und können sehr enttäuscht sein, wenn sich ihre Erwartungen trotz allem nicht erfüllen.

Wieder andere meinen, die andern Menschen, und nicht sie selber, müssten ihnen alle ihre Erwartungen erfüllen. Werden diese nicht erfüllt, dann folgt Enttäuschung, statt Freude und Dankbarkeit gibt es dann Ärger und Verdruss. Schuld an der Enttäuschung sind dann die anderen Menschen. Verloren gegangen ist einmal die Einsicht, dass es keine Garantie im menschlichen Leben dafür gibt, dass Erwartungen erfüllt werden, sonst könnten wir ja die Zukunft kontrollieren; verloren zu gehen droht aber auch das Gefühl der letztlich eigenen Verantwortlichkeit für unsere Erwartungen bzw. für die Erwartungen, die wir als unsere angenommen haben. Denn es gibt Erwartungen, die wir ursprünglich gar nicht hatten, wir sehen aber, meistens vermittelt durch die Medien, dass sie bei anderen Menschen erfüllt worden sind, also machen wir diese Erwartungen auch zu unseren eigenen. Dabei kann zum Beispiel auch der Geschwisterneid eine Rolle spielen: Wer will denn schon hinter den anderen aus derselben Familie zurückstehen? Wir können Erwartungen adoptieren, weil wir in einer Welt voller Möglichkeiten leben. Diese Welt gibt uns Vorgaben, was wir erwarten könnten: Wenn ein Herz transplantiert werden kann, dann erwarten Menschen in der Folge auch, dass sie im Notfall ebenfalls ein „neues Herz“ bekommen können.

Dazu gehören nun aber auch Menschen, die bereit sind, anderen ihre Erwartungen zu erfüllen. Wie fühlt man sich als Mensch, der den anderen Menschen immer wieder hilft, ihre Erwartungen zu erfüllen? Zum einen ist das ein sehr positives Lebens- und Selbstgefühl: Man ist in der Lage und fähig, einem anderen Menschen einen zentralen Wunsch verwirklichen zu helfen, eine zentrale Sehnsucht zu erfüllen. Man kann fast so etwas wie Schicksal spielen. Zum andern: Kann die Erwartung nicht erfüllt werden, kommt es bald zu einer Überforderung, einem Gefühl, zu etwas gezwungen zu sein, das man nicht kann oder vielleicht in dieser Situation nicht will; der Erwartungsdruck der anderen kann lähmen und unkreativ machen. Man hat stellvertretend zu große Erwartungen übernommen – und diese lähmen.

Das Dilemma mit den Erwartungen kennen die meisten Menschen: Haben Eltern an die Kinder keine Erwartungen, dann haben diese keine Leitlinien, nichts, woran sie sich reiben und ihre eigenen Wünsche dagegen setzen können. Haben die Eltern zu viele Erwartungen und möchte das Kind die Erwartungen erfüllen, um geliebt und respektiert zu werden, dann besteht die Gefahr, dass die Eigenpersönlichkeit des Kindes zugedeckt wird, dass es in der Folge keine eigenen Wünsche mehr kennt, sondern die Wünsche der anderen Menschen erfüllt und sogar die Fähigkeit entwickelt, unausgedrückte Wünsche von anderen Menschen zu erraten, um sie erfüllen zu können.

Die Lösung dieses Dilemmas liegt in einem Raum der Enttäuschung, der Bescheidung und des „Maßgeschneiderten“: Man erfüllt nicht mehr einfach die Wünsche der anderen, sondern auch die eigenen Wünsche, man erwartet aber auch nicht alles, was möglich ist in dieser Welt – denn der Möglichkeiten werden immer mehr –, sondern man muss lernen herauszufinden, was für einen ganz persönlich wirklich ein intensiver Wunsch, eine intensive Sehnsucht ist. Das herauszufinden gelingt meistens, wenn man die eigenen Gefühle in dem Beziehungsgeflecht vom Ich und „Ich und dem/der anderen“ in einer Welt voller Möglichkeiten wahrnimmt. Der Umgang mit Enttäuschung, nicht nur mit der Hoffnung, ist also wesentlich. Denn die Trauer über das nicht Mögliche eröffnet oft neue Lebensmöglichkeiten. Wird akzeptiert, dass etwas, das man sich sehnlichst gewünscht hat, nicht möglich ist, gelingt es, diesen Verlust einer Möglichkeit zu betrauern, eröffnen sich neue Dimensionen. Gelingt es, das Leben wieder neu auf eine Erwartung auszurichten, kann man sich wieder auf eine neue Dimension des Lebens, die sich meistens in neuen Ideen, neuen Interessen zeigt, ausrichten.

Erfüllen sich die Erwartungen, freut man sich, wird noch lebendiger, aktiver und interessierter und das Selbstwertgefühl verbessert sich. Erfüllen sich die Erwartungen nicht, ist man enttäuscht, verliert Interesse und Lebendigkeit und das Selbstwertgefühl ist beeinträchtigt. Irgendwann resigniert man schließlich, man gibt auf. Es geht darum, den durch die drohende oder eingetretene Enttäuschung in Frage gestellten Selbstwert wieder herzustellen. Menschen können nicht leben ohne Hoffnung und Erwartung. Eine zu enggeführte, fixierte Erwartung kann aber die Hoffnung in den Hintergrund drängen, das führt zu einer Engführung des Lebens. Dann ist nur noch wenig Raum für Kreativität im Leben, es gibt nur noch wenig Möglichkeiten, auch andere Optionen wahrzunehmen – das führt notwendigerweise zur Enttäuschung oder gar zur Resignation und zu einer Verschlechterung des Selbstwertgefühls. Nun braucht sich die Resignation nicht über das Leben als Ganzes zu legen, sondern sie legt sich meistens über einzelne Lebensthemen. Und nicht selten wurzelt die Resignation darin, dass wir zu präzis meinen zu wissen, was wir vom Leben wollen, dass wir zu genaue Vorstellungen haben, die wir unbedingt erfüllt haben wollen. Resignation ist der Stillstand. Die Alternative zur Resignation ist ein Prozess des Trauerns. Dadurch, dass wir etwas für uns Wertvolles verloren geben und die damit verbundenen vielfältigen Gefühle der Trauer[15] wie Gram, Angst, Wut usw., treten wir in einen Trauerprozess, in dem wir uns auf uns selber besinnen. Indem wir uns vergegenwärtigen, worauf wir verzichten müssen, können sich gerade wieder neue Horizonte öffnen, und dann verbessert sich auch wieder unser Selbstwertgefühl.

Authentisch werden

In unserer Kultur neigen wir dazu, in Krisensituationen krank zu werden. Solche Krankheit, die natürlich auch unangenehm ist, hat einen Sinn: So gewinnt man Zeit, um sich mit sich selber zu beschäftigen. Andere schlafen schlechter, als sie es normalerweise tun: Auch hier gäbe es Zeit, sich mit dem, was ansteht, auseinander zu setzen. Man könnte sich aber auch bewusst eine Auszeit nehmen, wenn eine Entwicklung ansteht. So wäre es einfacher, die Krisen zu bewältigen und uns von der übernommenen zu einer mehr erarbeiteten Identität hin zu bewegen. Diese erarbeitete Identität bleibt immer vorläufig. Worauf zielen dann diese immer wieder neu erarbeiteten Vorstellungen? Das Ziel, wenn man einem solchen Identitätskonzept folgt, ist es, immer mehr der Mensch zu werden, der man ist, der Mann zu werden, der man ist, die Frau zu werden, die man ist. Also, immer echter zu werden, immer authentischer, immer mehr zu unserem „wahren Selbst“ zu finden und dabei immer mehr zu einer Einzelperson zu werden. Und dies nicht abgekapselt, sondern in der ständigen Auseinandersetzung mit der Gesellschaft, mit der Gruppe, zu der man sich zugehörig fühlt. In dieser Person geht es auch darum, dass man das Gefühl für die Kontinuität des eigenen Lebens nicht verliert. Dieses Ziel kann ausgedrückt sein oder nicht ausgedrückt sein, aber es ist immer da und der Fixpunkt vieler Identitätskonzepte. Gesucht wird letztlich eine Übereinstimmung von Leben und Handeln mit dem eigenen Wesen. Das vermittelt Sinnerleben und ein gutes Selbstwertgefühl.

Merken, wo das Herz schlägt

Ein junger Mann, depressiv, ohne Antrieb, unglücklich mit vielen körperlichen Beschwerden, ist auch ein unglücklicher Student. In verschiedenen Anläufen hat er sein Abitur geschafft, und jetzt sollte er studieren. Auf die Frage, was er denn wirklich gerne macht, erwähnt er, er habe sehr erfolgreich mitgeholfen, ein großes Lager einer internationalen Jugendorganisation zu organisieren.

Spricht er davon, dann wird er lebendig, und man spürt genau, dass dort sein Herz schlägt. Warum er denn Altphilologie studiere? „Ich bin ein total introvertierter, intellektueller Typ mit Sprachbegabung – da ist doch Altphilologie das logische Studienfach!" Auf seine Gefühlslage aufmerksam gemacht, wenn er vom Organisieren spricht und von seinen aktuellen Studien, nimmt er wahr, dass „da vielleicht etwas nicht ganz stimmt". Er kommt aus einer Familie, in der es immer wieder bedeutende Altphilologen gab. Da er sprachbegabt ist, wurde er identifiziert als der nächste Altphilologe. Es brauchte einen längeren Entwicklungsprozess, bis er diese Verschreibung – und damit auch eine Sicherheit – geopfert hatte und sein Studienfach wechselte. Damit wurde auch seine depressive Verstimmung überwunden.

Selbstvertrauen entwickeln

Das Selbstwertgefühl ist ein komplexes Gefühl. Dies zeigt sich auch darin, wie wir dieses Gefühl bezeichnen.

Im Zusammenhang mit dem positiven, dem guten Selbstwertgefühl spricht man von Gelassenheit, von Zufriedenheit und Stolz, von Selbstakzeptanz, von Selbstvertrauen, Selbstachtung, Vertrauen generell, von einem Gefühl der Anerkennung. Will man ein übertrieben positives Selbstwertgefühl bezeichnen, dann sprechen wir von Arroganz, von einem anhaltenden Triumphgefühl, von einem Machtrausch oder von Größenwahn.

Das Selbstvertrauen ist in diesem Zusammenhang sehr wichtig.

Selbstvertrauen ist das Vertrauen in die eigenen Fähigkeiten, das Gefühl, etwas bewirken oder verändern zu können, der Mensch zu sein, der handeln kann, das eigene Leben gestalten kann. Selbstvertrauen ist verschwistert mit einem guten Selbstwertgefühl. Das Selbstvertrauen und das Vertrauen in andere, aber auch ins Leben, als eine Art von Seinsvertrauen, haben einen inneren Zusammenhang und hängen davon ab, ob man vertrauensvolle Beziehungen herstellen konnte.

Ein Säugling, ein kleines Kind, muss einfach darauf vertrauen, dass die Beziehungspersonen hinreichend verlässlich sind. Dieses Vertrauen ist zunächst eine natürliche Haltung. Das Vertrauen, das sich zwischen den Beziehungspersonen und dem

Kind entwickelt hat, wird auf andere Menschen übertragen. Hat man einmal erfahren, dass man vertrauen kann, dass das Vertrauen nicht ständig enttäuscht wird, so nimmt man an, dass die Menschen im Allgemeinen vertrauenswürdig sind. Dies weckt das eigene Selbstvertrauen: Denn sind die anderen vertrauenswürdig, dann kann man sich auch auf sich selber verlassen. Bei dieser Entwicklung des Vertrauens spielt auch eine Rolle, wie viel Vertrauen die Beziehungspersonen in die Mitmenschen und ins Leben haben. Vertrauensvolle Eltern schaffen eine Atmosphäre des Vertrauens um sich. Vertrauen – wie auch das Misstrauen – wird in den Familien weitergegeben, nicht so sehr als etwas, das man entwickeln müsste sondern als etwas, das einfach vorhanden ist. Man kann es als einen Raum des Vertrauens bezeichnen.

Trauen wir uns selber etwas zu, wissen wir um unsere guten Absichten und Motive, aber auch um unsere Schattenseiten[16], also darum, was wir auch an Üblem beabsichtigen können, trauen wir unseren Mitmenschen Ähnliches zu. Eigenes vertrauenswürdiges Verhalten lässt uns erwarten, dass andere Menschen unseres Vertrauens auch nicht würdig sind, und lässt Misstrauen wachsen. In einer Welt, in der man vertrauen kann, in der andere Menschen auch uns vertrauen können, ist das Selbstwertgefühl indessen besser.

Einverstanden sein

Der eigene Lebensweg ist nicht nur das Resultat des wirklich begangenen Weges; dieser Weg schließt alle die Wege ein, die wir nicht gegangen sind. Zu unserer Identität gehören auch diejenigen Identitätsaspekte, gegen die wir uns entschlossen haben.

Meistens wollen wir gar nicht an die Entscheidungen denken, die wir für falsch halten. Wir finden, wir würden uns damit nur unglücklich machen. Aber indem wir uns so sehr vornehmen, nicht daran zu denken, sind sie in der Erinnerung immer präsent.

Indem man die nicht gewählten Optionen imaginiert, werden diese lebendig, und die Wahlprozesse, durch die man gegangen ist, erhalten eine Erlebnisqualität. Emrich nennt das eine „kreativ deutende Vergegenwärtigung"[17]; dadurch können Selbstanteile, die miteinander im Konflikt liegen, versöhnt werden, man bleibt nicht an der Vergangenheit hängen, Kreativität wird frei. Man erklärt sich nachträglich einverstanden mit der damaligen Identität.

Wenn man diese nicht gewählten Optionen imaginiert, wird erfahrbar, dass der Entschluss, den man immer wieder bedauert hat, gar kein falscher, sondern in der damaligen Situation ein als gut zu wertender Entschluss, vielleicht sogar der einzig mögliche war. Es ist aber auch möglich, dass man den gefassten Entschluss, der sich dann in deutlichen Folgen im Fortgang des Lebens gezeigt hat, bedauert. Eine Option mag einem dann doch viel „sinnvoller“, stimmiger für die eigene Identität erscheinen. Durch die Imagination wird dieser Konflikt auch emotional erlebbar, und dadurch wird ermöglicht, dass man Abschied nimmt, betrauert, was nie im Leben zum Tragen gekommen ist.[18] Um aber diese nicht gewählte Option betrauern zu können, muss sie zunächst in der Imagination erlebbar werden.

So können Menschen in einem Trauerprozess blockiert sein, weil sie zum Beispiel einen, wie sie sagen „gehassten“ Vater betrauern müssen. Der Trauerprozess um den Vater wird erst möglich, wenn die Imagination eines geliebten Vaters zugelassen wird. Wie wäre es gewesen, wenn ich einen geliebten Vater gehabt hätte? Wie wären die Interaktionen gewesen? Wie hätte ich mich entwickelt, durch die Kindheit hindurch und auch später mit einem „idealen“ Vater? Lässt man sich auf diese Imaginationsprozesse ein, entwirft man ein Leben, wie es hätte sein können. Dabei wird – zum Teil nach längerer Imaginationsarbeit – erfahrbar, dass auch das Leben mit diesem Vater einige Klippen und Probleme gebracht hätte, ja, dass sich vielleicht gerade wichtige Aspekte der Identität, auf die man stolz ist, vielleicht nicht entwickelt hätten.

Eine 35-jährige Frau litt an einer Depression nach dem Tod ihres Vaters. Das verstand sie nicht. Sie war davon überzeugt, entlastet und sogar froh zu sein, dass ihr gewalttätiger, unberechenbarer Vater endlich gestorben war. Sie wollte und musste ihn nicht betrauern, meinte sie. Dass man an einem Menschen, den man hasst, vielleicht noch mehr gebunden bleibt als an einen, den man liebt, und ein Trauerprozess durchaus nötig ist, war ihr ein „sehr fremder Gedankengang“. Auf die Frage, was für einen Vater sie denn gebraucht hätte, imaginierte sie einen sehr aufmerksamen Vater, der sie bewunderte und förderte und selber kein Versager, sondern ein sehr erfolgreicher Mann war. Sie imaginierte sich durch die Jahre hindurch mit diesem Vater, und stellte dann fest, dass sie im Alter von zwanzig Jahren noch ungeheuer auf diesen „wunderbaren Vater“ fixiert war und ganz unselbständig, bewundernd an seinen Lippen hing. Wie sie das genussvoll schilderte, schien ihr plötzlich etwas einzufallen. Sie setzte sich im Stuhl auf und sagte: „Das wäre ja furchtbar! Ich war mit zwanzig eine selbständige, mutige, selbstverantwortliche junge Frau. Das wurde mir von außen auch immer wieder bewundernd bestätigt. Darauf bin ich stolz. Das ist auch ein Ergebnis meines schwierigen Lebens mit diesem Vater.“ Sie stellte fest, dass es auch mit einem idealen Vater Probleme gegeben hätte, allerdings andere, und dass sie, auch wenn man es könnte, das Schicksal nicht austauschen wollte. Die Konsequenz des Imaginierens des idealen Vaters, und der Entschluss, dass das auch nicht das war, was sie eigentlich wollte, brachte sie dazu, ihren Vater mit etwas liebevolleren Augen zu sehen und zu sehen, was schwierig war, aber auch, was gut war. Sie verstand ihn besser in seinem Gewordensein und konnte ihm verzeihen. Dadurch wurde dann auch ein normaler Trauer- und Ablöseprozess möglich.

Imaginiert man die nicht eingegangenen Optionen in einer hinreichenden Verbindung mit der Realität, stellt man fest, dass es mit jedem Lebensentwurf Erfüllung gibt, etwas, das bereichert. Doch ist auch jeder Lebensentwurf mit Schwierigkeiten verbunden. Meistens bevorzugen wir dann doch die Probleme, die wir kennen und mit denen wir gelernt haben umzugehen.

Die Kostbarkeit des Lebens

Die Übergangsphase im mittleren Lebensalter bekommt dadurch, dass sie ein erster deutlicher Übergang zum Alter und dann zum Tod hin ist, zusätzlich eine ganz besondere Färbung und eine ganz besondere Dringlichkeit. In der Zeit der Lebenswende ist es nicht mehr möglich, die Tatsache der Endlichkeit des Lebens, der begrenzten Lebenszeit, des Sterbenmüssens und damit des Hinlebens auf den Tod zu leugnen. Zwar altern wir ständig, in dieser Phase kommt es uns aber ganz besonders zum Bewusstsein. Leben angesichts des Todes wird aber auch kostbar, es stellen sich die Fragen, was wichtig bleibt für den Rest des Lebens, was angesichts des Sterbenmüssens überhaupt wichtig ist im Leben. Einige Hoffnungen werden hier aber auch endgültig begraben und in das Reich der Illusionen verbannt. Die spontane Begeisterungsfähigkeit nimmt ab. Sie muss durch das aktive Suchen nach der Schönheit, nach den stimmigen Situationen im Leben, nach Themen und Situationen, die zu begeistern vermögen, ersetzt werden.

Diese Fragen und Erfahrungen brechen meistens um den 50. Geburtstag herum auf – oder sie werden da ganz besonders verdrängt. Die einen sagen sehr dezidiert, dass sie jetzt das machen, sagen, denken wollen, was sie wollen und keineswegs mehr, was sie sollten und von ihnen erwartet wird. Sie bringen zum Ausdruck, dass sie jetzt nicht mehr ständig Rücksicht auf die Erwartungen der anderen nehmen können, auch wenn sie natürlich bereit sind, miteinander einen gangbaren Weg auszuhandeln. Aus ihren Argumenten wird sehr deutlich, dass sie spüren, dass es hier um den Rest des Lebens geht und darum, noch so gut als möglich das eigene Leben zu leben. Es geht dabei meistens erst am Rande um den letztendlichen Tod. Im Zentrum steht aber, ein Gefühl für die Endlichkeit zu entwickeln und diese bewusster als zuvor zu akzeptieren. Dies äußert sich auch etwa darin, dass in dieser Lebensphase eine Abkehr von den narzisstischen Idealen zu sehen ist. Man nimmt Abschied von Größenphantasien und versucht, sich so zu akzeptieren, wie man in etwa ist. Die hochfliegenden Pläne der jungen Jahre hat man entweder verwirklicht oder man kann sie jetzt revidieren. Man darf „normal", „gewöhnlich" werden – das kann eine ungeheure Entlastung bedeuten, ist aber auch eine große Anforderung an sich selbst: sich so zu akzeptieren wie man ist und nicht nur so, wie man sich gern sehen würde. Man muss sich nichts mehr vormachen, aber man kann sich auch nichts mehr vormachen. Eine Veränderung im Selbstkonzept ist angesagt, sie ist unumgänglich und möglich. Man muss sich mit der jungen Generation auseinander setzen; erfährt man sie als Konkurrenz oder als Bereicherung oder als beides? Man gehört nicht mehr dazu, und alle diese Aspekte bewirken, dass diese Übergangsphase wesentlich weniger enthusiastisch beschrieben wird als

z. B. die Adoleszenz, mit der sie im Übrigen große Ähnlichkeit hat. Der Unterschied ist indessen dennoch groß: Liegt bei der Adoleszentenkrise das Leben vor uns, so ist im mittleren Erwachsenenalter schon recht viel davon hinter uns, und der Teil des Lebens, der vor uns liegt, scheint mehrheitlich, zumindest in der besorgten Antizipation, durch Mühsal und Beschwerden gekennzeichnet. Diese besorgte Sicht resultiert daraus, dass man hier schon das höhere Alter anvisiert, das allerdings in der Realität noch recht weit entfernt ist. Wenn es erreicht wird, bringt es in der Regel wirklich Einschränkungen und Beschwerden mit sich. Diese pessimistische und die Realität auch etwas verzerrende Sicht kommt aber auch daher, dass man die Idealisierung der Jugend (nicht aber der Jugendlichen) und die Entwertung des Stadiums des Alters (und der Alten, ganz besonders aber der alternden Frauen), die in unserer Gesellschaft kollektiv auszumachen ist, übernimmt. Und damit erklärt man sich auch mit der Entwertung des Alters einverstanden. Das müsste so nicht sein. Die alten Menschen sind das Gedächtnis einer Gesellschaft, und ohne Gedächtnis gibt es keine Kontinuität. Die alten Menschen haben sehr viele Kompetenzen, die sie weitergeben könnten, wenn sie gefragt sind. Es ist wenig sinnvoll, wenn auch ältere Menschen selber sich mit der Abwertung des Alters einverstanden erklären und – vielleicht – sich unbewusst mit den Werten eines Jugendkults identifizieren. Die Aufwertung des Alters und damit der Respekt den alten Menschen gegenüber geht jedoch nicht mit einer Entwertung der jungen Menschen einher! Jede Zeit des Lebens hat ihren Sinn und ihre Würde, in jedem Lebensalter verdient der Mensch Respekt ...

Die Übergangszeit des mittleren Erwachsenenalters ist eine natürliche Entwicklungszeit im Leben eines Menschen, mit Entwicklungsaufgabe und der Chance, sich noch einmal neu auf sich selbst zu besinnen. Dies geschieht dann durchaus angesichts der geringen Möglichkeiten, Identitätsunsicherheiten durch die üblichen gesellschaftlichen Regulationsmechanismen wie Leistung, Schönheit, Verführung zu verdecken. Es wäre eine Zeit der größeren Wahrheit, eine Zeit, in der man mehr zum eigenen „wahren“ Selbst finden müsste und könnte. Diese Übergangszeit hat für Frauen eine ganz besondere Dringlichkeit und eine ganz besondere Bedeutung.

Neues wagen

Eine Frau von 45 Jahren hatte sich gerade entschlossen, ihre Berufstätigkeit als Managerin aufzugeben. Sie wurde ihr zunehmend mühsam, und sie fand, sie habe in ihrem Leben eigentlich genug gearbeitet. Sie träumte in drei Nächten von ihrem Großvater, der vor dreißig Jahren gestorben war. Sie konnte ihre Träume nicht zusammenhängend erzählen, erinnerte sich nur ganz lebendig an den Großvater, der intensiv auf sie einredete und versuchte, ihr etwas klarzumachen. Als wir ihre Einfälle zu ihrem Großvater sammelten, fiel ihr ein, dass er mit fünfzig Jahren seine Stellung auf einer Bank aufgegeben hatte und eine kleine Firma gründete, die ihm Gelegenheit gab, seine handwerklichen Fähigkeiten zu nutzen. Es gab also schon ein Modell in der Familie für einen frühen Ausstieg aus einem angesehenen Beruf, bei ihm war er allerdings mit der Idee verbunden, einen neuen Beruf zu leben, der eine andere Seite von ihm forderte. Die Träumerin hatte die Idee, überhaupt keiner Berufsarbeit mehr nachzugehen. Wollte der Großvater im Traum sie darauf hinweisen, dass dies keine so gute Idee war? So jedenfalls verstand die Träumerin diese Träume. Sie begann darüber nachzudenken, was denn in ihrem Leben noch fehlte, welche Betätigung sozusagen „ausstand". Lange konnte sie nichts finden, nichts war da, was fehlte. Sie war Managerin – durch und durch – und auch durch und durch zufrieden. Nur war es für sie jetzt genug. Erst als sie die Zeit zu durchforsten begann, in der sie noch Gymnasiastin war, kam einiges zu Tage: Sie zeichnete und malte so gut, dass sie sich sogar fragte, ob sie auf die Hochschule für gestaltende Kunst gehen sollte. So ganz hatte sie diese Fähigkeiten nicht verloren, sie hatte einen guten Blick für das Werbematerial und ihr Urteil war bei den Werbegrafikern gefürchtet. Sie eröffnete ein kleines Büro für Werbegrafik und verstand es, die neue Arbeit ihrem jetzigen Lebensrhythmus gemäß zu gestalten. Sie sagte, diese Arbeit wecke noch einmal ganz andere Aspekte ihrer Persönlichkeit: Sie empfinde sich als verbundener mit sich selbst und ihren Bedürfnissen, sie sei kreativ – das gebe ein gutes Selbstgefühl und ein gutes Selbstwertgefühl.

Warum wir immer wieder schuldig werden

Es gibt Lebenssituationen, in denen man gar nicht die Wahl hat, schuldig zu werden oder nicht schuldig zu werden: Man hat nur die Wahl, wem gegenüber man schuldig werden will. Wird man sich selber gegenüber schuldig, wird man in der Regel den anderen gegenüber in der Folge auch noch schuldig, weil man offen oder verdeckt wütend ist, dass man sich etwas, das soviel Lebendigkeit bringen würde, versagen oder verdrängen muss. Entweder macht man dann den Partner oder die Partnerin offen verantwortlich dafür und lässt sie oder ihn das offen entgelten, oder man hält die Entscheidung für die eigene moralische Entscheidung, ist aber insgeheim doch wütend auf Partner oder Partnerin, der oder die dies wieder entgelten. Dies ist nur ein Beispiel für ein existentiell bedeutendes Schuldgefühl, mit dem wir leben müssen und nicht einfach wegpacken können. Solche existentiellen Schuldgefühle gibt es viele: Wir bleiben einander im alltäglichen Leben viel schuldig, gemessen an den Vorstellungen, die wir von Beziehung haben. Wir wissen um dieses Schuldigbleiben und gehen in der Regel mit diesen Schuldgefühlen so um, dass wir sie zumindest vor uns benennen. Wir wissen, dass die Partnerin, der Partner jetzt liebevoller behandelt werden möchte, angeregt werden möchte, gestützt werden möchte oder einfach Zeit haben möchte. Und wir sagen uns, dass wir gerade jetzt das nicht einlösen können, weil wir doch gerade selber so unter Druck stehen, in einem besseren Moment unseres Lebens aber das alles nachholen werden. Wir haben sehr viele Entschuldigungen, warum uns es gerade jetzt nicht möglich ist, wir projizieren aber die Begleichung unserer Schulden in die Zukunft: wenn man Ferien hat, wenn die lästige größere Arbeit getan ist, wenn man pensioniert ist usw. Dann lässt es sich mehr oder weniger gut leben. Stirbt jetzt aber ein Partner unerwartet, dann bleibt man mit diesen ganzen Schuldgefühlen zurück. Dann fällt auf einen zurück, was man alles versäumt hat, in der Beziehung und was eben nicht mehr nachzuholen ist, zumindest nicht in dieser Beziehung. Meistens ist man bei dieser Selbstkritik aus Schuldgefühlen heraus auch nicht besonders empathisch mit sich selbst, denn meistens hat man schon getan, was man tun konnte. Es war halt nur nicht furchtbar viel. Es gibt zwar selten Menschen, die absichtlich Zuwendung zurückhalten, aber es gibt sie. Ich habe recht oft Trauerarbeit mit älteren Männern gemacht, die darunter gelitten hatten, dass sie ihrer Frau nie gesagt hatten, wie wichtig sie für sie war, und die natürlich gespürt hatten, dass die Frauen nach solcher Bestätigung gelechzt hatten. Auch sie hatten natürlich Gründe, das nicht zu sagen: der eine fürchtete, die Frau könnte dann zu „eingebildet" werden und sich möglicherweise noch nach einem anderen Mann umschauen, ein anderer hatte

Angst, seiner Frau zu gestehen, wie abhängig er von ihr war. So offen dargelegt, habe ich das nicht allzu oft erlebt, indessen habe ich festgestellt, dass die meisten Menschen ungeheuer viel für einen anderen Menschen sein möchten und tun möchten, dass sie ihr Beziehungsideal viel zu hoch ansetzen und dann natürlich an diesem Ideal permanent schuldig werden. Was sie dann wirklich realisieren können, ist viel weniger als das Gesollte, weil sie ja auch in sehr vieles eingespannt sind und auch sich selber gegenüber Verpflichtungen haben.

Man kann den Anspruch zwar relativieren, aber man wird doch immer wieder schuldig werden, und diese Unentrinnbarkeit des Schuldigwerdens bewirkt, dass man sich darüber klar werden wird und muss, dass Folgendes fundamental zur menschlichen Existenz gehört: Dass wir mehr tun möchten, geben möchten und dass wir daran immer wieder scheitern. Dennoch haben diese Schuldgefühle auch einen Sinn: Schuldgefühle rufen nach Wiedergutmachung, danach, für etwas Verantwortung zu übernehmen. Das kann man nur im Fluss des weitergehenden Lebens machen, man kann ganz selten etwas von früher in die Verantwortung nehmen. Man kann es sich vornehmen, etwas, das in einer vergangenen Beziehung als schuldhaft erlebt worden ist, in einer nächsten Beziehung zu vermeiden. Das hält man dann auch ein paar Monate durch. Wir müssen ja auch mit dem umgehen, wie wir wirklich sind, und nicht, wie wir gerne wären.

Es ist bei Schuldgefühlen wichtig, sich zu fragen, was in die Verantwortung genommen werden muss. Es ist aber ebenso wichtig, zu akzeptieren, dass Schuldgefühle unausweichlich zu unserem Leben gehören.

Die Phantasie beflügeln

Die Zukunft wird von vielen Menschen nur noch unter dem Aspekt der drohenden Katastrophe wahrgenommen, ohne dass groß etwas dagegen getan würde – außer das lamentiert wird. Wir entwickeln zunehmend eine passive Lamentierkultur, eine Klagekultur.

Eigentlich ginge es beim Klagen darum, dass man einen Missstand in seiner Bedeutung für das eigene Leben und das Leben der Mitwelt emotional zum Ausdruck bringt, dabei nicht nur den Ärger, sondern auch die Emotionen der Trauer, die damit verbunden sind. Überlässt man sich den verschiedenen Gefühlen der Trauer, zu der auch die Angst gehört, setzt ein Trauerprozess ein, in dessen Verlauf man wieder neu auf das Leben zugehen, das Leben wieder neu gestalten kann.

Wenn ich von Lamentier- oder Klagekultur spreche, dann geht es gerade nicht um ein vitales Klagen, auch nicht um einen vitalisierenden Ärger, sondern es geht darum, mit allem nicht so recht einverstanden zu sein, aber doch nicht so sehr nicht einverstanden zu sein, dass man etwas verändern müsste. Natürlich ist es keine „Kultur", sondern eine Mode, der sich viele Menschen angeschlossen haben. Man ist „in", wenn man klagt und nichts tut. Die Aggression, die man brauchen würde, um zumindest im eigenen Umkreis etwas zu verändern – denn dort sind wir verantwortlich und auch zuständig –, ist gebunden im Klagen und in den Projektionen auf die böse Welt, auf die Politiker und Politikerinnen, auf die gerade herrschenden Parteien usw. Klagend sind wir Opfer – von uns selbst –, ohne es wirklich wahrzunehmen. Klagend aber minimieren wir auch das Vertrauen in die Gestaltung der Zukunft – Resignation, Stagnation sagt sich an, Selbstmitleid macht sich breit. Aber als Klagende denkt man von sich wenigstens, man sei kritisch, am Puls der Zeit. Das mag zwar zutreffen, aber man befindet sich nicht in der Haltung eines Gestalters oder einer Gestalterin der Zukunft. Es geht darum, das habituelle Klagen in eine wirkliche, emotional empfundene Trauer über Aspekte des Lebens, die man wirklich verloren hat, zu überführen, und daraus könnte eine Haltung folgen, die das Mögliche gestalten will und nicht die Unmöglichkeit des Unmöglichen beklagt.

Diese Klagekultur ist auch ein Hinweis darauf, wie sehr wir – auch gesellschaftlich gesehen – immer noch von Autoritätskomplexen bestimmt werden: Irgendeine Autorität soll es für uns machen – uns aber dabei möglichst im Glauben lassen, alles sei dennoch auf unser eigenes Bestreben hin erfolgt.

Die Idee, die in der Tiefenpsychologie vertreten wurde und wird, dass es bei der menschlichen Entwicklung auch immerzu zu einer Entwicklung zu mehr Mündigkeit, zu mehr Autonomie – durchaus innerhalb von Beziehungen – geht und nicht auf deren Kosten, ist noch lange nicht eingelöst. Sich abzulösen von den Autoritätskomplexen, im persönlichen Leben vor allem auch von den Elternkomplexen, um wirklich ein Original zu werden und nicht eine Kopie der Eltern zu bleiben, gäbe dem einzelnen Menschen mehr Verantwortung und mehr Handlungskompetenz, mehr das Bewusstsein, das eigen Leben auch gestalten zu können – und damit weniger Angst.

Die Klagekultur steht auch damit in Zusammenhang, dass Phantasien der Apokalypse heute wesentlich weniger verdächtigt sind als Utopien, die rasch als traumtänzerisch, als unrealistisch abgetan werden. Wenn Menschen sich nicht aufgeben, dann müssten zumindest Phantasien der Utopie und Phantasien der Apokalypse sich gegeneinander profilieren können.

Aber viele Menschen scheinen wirklich, wie schon Bloch bemerkt hat, ins Scheitern verliebt zu sein und nicht ins Gelingen.[19] Das heißt aber auch, dass man die Hoffnung aufgegeben hat, etwas zu verändern. Das könnte ja auch weise sein. Man akzeptiert das Leben, wie es für einen ist. Bloß müsste man dann eigentlich nicht klagen.

Die Vorgriffe der Einbildungskraft, das Zukunftsgerichtete der Imagination, das Schöpferische in unserer Einbildungskraft, sind wirklich zu suchen. Denn das sind Phantasien, in denen das phantasierende Ich oder das Tagtraumich als handelnde Person auftritt, in denen ein Leitbild, was man dann als Mensch werden möchte, zu erkennen ist, aber auch, wie das Leben der Menschen miteinander sein könnte. Der Mut zur Utopie ist gefragt – wenigstens im eigenen Leben. Was alles könnte ich aus meinem Leben noch machen, wenn ich einmal ganz viele Sachzwänge außer Acht lasse? Oder: Wie soll mein Leben in zehn Jahren aussehen, damit ich sagen kann, ich hätte meine wichtigsten Werte verwirklicht?

Gelassen werden

Was Not tut, ist, dass wir uns unseren Ängsten stellen. Wichtig ist, dass wir beharrlich herauszufinden versuchen, wo uns die Angst auch Erfahrungen verschließt, wo sie uns daran hindert, neue Kompetenzen zu entwickeln. Das ist keineswegs allein Aufgabe des Einzelnen. Es wäre Aufgabe von uns allen. Und man könnte sich auch gegenseitig dabei helfen: entscheidend ist nur, einmal die Überzeugung zu opfern, dass Angst um jeden Preis abgewehrt werden muss. Denn eine solche Überzeugung hieße ja letztlich auch, dass wir damit kundtun, keine gefährdeten Menschen zu sein – oder, es zumindest nicht sein zu wollen. Geben wir aber zu, dass wir gefährdet sind, dann kann auch das Rettende wachsen (Hölderlin). Werden wir Menschen mit unserer Sterblichkeit – und das ist wohl immer noch die größte Bedrohung – konfrontiert, dann wächst unser Lebenswille, gerade dann wird unsere Kreativität am stärksten herausgefordert. Würden wir uns der eigenen Angst mehr stellen, dann bekämen wir nicht nur besseren Zugang zu dem, was verändert werden muss, sondern auch zum Haltenden, zu dem, was uns Halt gibt. Dadurch würden wir wieder authentischer werden, d. h. mehr mit unseren Gefühlen verbunden sein. Damit würden auch unsere mitmenschlichen Beziehungen wieder befriedigender. Auch wenn sie vielleicht nicht unbedingt einfacher würden – echter und damit lebendiger wären sie in jedem Fall.

Das heißt nun aber nicht, dass wir uns von der Angst einfach überwältigen lassen sollten oder dass wir die Angst – sozusagen als gesellschaftlich akzeptiertes Deckgefühl – ständig im Munde führen – ohne den emotionellen Gehalt wirklich zu spüren und ohne Konsequenzen daraus zu ziehen. Die Frage, die wir uns zu stellen haben, ist immer wieder die: Was will die Angst von uns, was verschließt sie uns? Aber auch: Was will sie uns eröffnen? Dazu, für die positive Beantwortung dieser zentralen Frage, sind alle die Bewältigungsformen, die ich in diesem Buch herausgestellt habe, wichtig und hilfreich. Es gibt freilich noch eine Bewältigungsform, die ich noch nicht angesprochen habe: nämlich den kulturell effizienten, kreativen Umgang mit der Angst. Kultur meint, dass wir eine Tradition haben, in diesem Zusammenhang auch eine Tradition im Umgang mit Angst. Die Rede von Kultur bezieht sich zum anderen aber auch auf die aktuellen schöpferischen Einfälle. Unsere Identität ist nie nur individuell, sondern immer auch kollektiv begründet. Was in Kunst und Literatur zu einem existentiellen Thema wie der Angst entwickelt wird, wirkt wieder auf die Gesellschaft als Ganzes zurück. Ein anderer Umgang mit der Angst wäre auch im sozialen Bereich gefordert: keine Panikmache, kein aufgeregtes Aufzählen, was alles in Gefahr ist – das wüssten wir schon längst, müssten wir es nicht immer wieder verdrängen, gerade, weil es uns ständig gesagt wird – sondern Gelassenheit wäre gefragt, Gelassenheit angesichts des Ängstigenden. Gelassenheit: Wir Menschen sind sterblich. Alles, was wir für sicher halten, ist es nicht, und dennoch wagen wir zu leben, wir riskieren sogar einiges im Verlaufe eines Lebens. Lassen wir doch unsere Größenphantasien fahren, akzeptieren wir dieses Bedrohtsein! Lassen wir uns ein auf das Leben, trotz der Angst, lassen wir los, was loszulassen ist! Gelassenheit meint nicht die Sicherheit, dass Schicksalsschläge zu vermeiden sind. Das wäre nur eine vermeintliche Sicherheit. Gelassenheit heißt, mit solchen Unsicherheiten zu rechnen und dennoch nicht zu resignieren. Gelassenheit ist auch eine Form der Tapferkeit.[20] Eine solche Hoffnung rechnet mit dem Schlimmsten und vertraut dennoch auf beste Lösungen. Gelassenheit beruht auf Vertrauen ins Leben. Nun kann man dieses Vertrauen mitbringen aus vertrauensvollen Beziehungen, man kann es auch gewinnen im Laufe eines Lebens, wenn man zur Kenntnis nimmt, dass trotz unendlich vieler Schwierigkeiten und Bedrohungen sich doch immer auch wieder Lösungen abzeichnen. Gelassenheit hängt letztlich auch mit Hoffnung zusammen. Es gibt ja nicht nur die Angst im Leben, es gibt zum Beispiel auch die Freude, es gibt Interesse, es gibt Begeisterung usw. Diese positiven Emotionen werden immer etwas gering geachtet, sie werden allzu rasch mit dem Etikett der Naivität versehen und in die unernste Ecke geschoben. Dabei wären sie von großer Wichtigkeit für das Erleben und das Stabilisieren eines guten Selbstwertgefühls. Sind wir so sehr ins Scheitern verliebt? Und wenn: Genügt uns unser vielfaches Scheitern, das wir doch gar nicht vermeiden können, eigentlich noch nicht?

Ernst Bloch hat den wichtigen und anschaulichen Satz gesagt: „Die Hoffnung ersäuft die Angst."[21] Nun ist die Hoffnung, von der er spricht, keine schwächliche Hoffnung, sie hat nichts zu tun mit Illusionen. Hoffnung heißt für ihn, sich auf das Bessere hin zu entwerfen. Um das zu können, muss man „kundig unzufrieden" sein mit dem, was ist. Sehend unzufrieden, mit einem entschiedenen „Nein zum Mangel".[22] Für Bloch sind die Tagträume der Menschheit schon immer Entwürfe auf ein besseres Leben hin, Wunschbilder des erfüllten Augenblicks. Sie erfüllen das konkrete Leben mit Zuversicht. Diese Tagträume müssen sich nach Bloch, um nicht Utopien im Sinne von Seifenblasen zu sein, mit dem Jetzt und Hier beschäftigen. Der Mensch muss ungeteilt dabei und bereit sein, Durchbruchserfahrungen auch an Unscheinbarem zu machen und zur Kenntnis zu nehmen.

Eine solche Hoffnung hat man nun nicht einfach, sondern man hat sie zu lernen. „Es kommt darauf an, das Hoffen zu lernen. Seine Arbeit entsagt nicht, sie ist ins Gelingen verliebt statt ins Scheitern."[23] Zu dieser Hoffnung muss man sich bewusst entschließen, man kann sie wollen. Ein Weg zu ihr findet man über das ständige aktive Fragen, ob etwas nicht auch besser sein könnte. Dazu gilt es, hartnäckig zu bleiben: nicht einfach akzeptieren, was ist, sondern sehen, was sein könnte. Das gelingt aber nicht, wenn wir nicht auch unsere Ängste auch ansehen und uns fragen, was diese uns verstellen. Es klingt fast paradox: Nähmen wir unsere Ängste ernst und sähen wir, was sie uns verschließen, dann öffnete uns gerade diese Haltung die Bilder der Hoffnung und die Emotion der Hoffnung. Sich zur Hoffnung zu entschließen, ist eine Arbeit und bedeutet Anstrengung. Es hieße aber, sich nicht von der Angst einschränken zu lassen, sondern trotz ihrer das Leben zu gestalten. Daraus erwüchse ein Grundgefühl der Zuversicht – trotz allem. Und mit einem solchen Grundgefühl könnten wir auch angesichts des Ängstigenden gelassener leben.

4.

LEIDENSCHAFTLICH LEBEN

Die Sehnsucht als Wegweiserin

Die Sehnsucht ist eine gute Wegweiserin auf dem Weg zu wirklich zentralen Lebensthemen. Die Sehnsucht nach einem gelingenden Leben will das Perfekte, das Heile. Die Sehnsucht ist eine Weise, sich auf die Zukunft zu beziehen, sie transzendiert das Jetzt und Hier in weitem Maße. Mit ihr stellen wir uns etwas vor, was weit in der Zukunft liegt. Die Sehnsucht lebt von der Imagination. In ihr zeigen sich auf der anderen Seite unsere Entwicklungsmöglichkeiten, unsere Potentiale, und auf der anderen Seite, was noch aussteht, was ansteht, was fehlt zu einem Leben, damit es uns ganz und sinnvoll erscheint. Würden wir tatsächlich erreichen, was die Sehnsucht uns herbeisehnen lässt, dann wäre keine Sehnsucht mehr zu spüren. Aber wir können getrost sein, so lange wir leben fehlt immer etwas, steht immer etwas aus, bleibt die Sehnsucht immer bestehen, auch wenn sich das, wonach wir uns sehnen, verändert. Das Leben ist endlich – die Sehnsucht aber will das Unendliche, das Ganze. Es ist ein Suchen und Fragen nach etwas, das ganz erfüllt, sie schlägt eine Brücke vom noch nicht ganz erfüllten Jetzt und Hier zu einem als erfüllt gedachten „Später“. In ihr zeigt sich, was wir anstreben: Sehnsucht nach etwas ganz Großem, nach dem ganz Anderen, nach Sinnerfahrung, Liebe, Freiheit, Geborgenheit, Intensität, nach Verbundenheit im weitesten Sinne – um nur einige wenige Sehnsüchte zu benennen. Immer neue Lebensbereiche können in der Sehnsucht belebt werden: Es gibt immer ein noch ausstehendes Selbst, neue Aspekte unseres Selbst, die sich in neuen Sehnsüchten und neuen Interessen zeigen, die diese Sehnsüchte zumindest teilweise realisieren lassen.[24] Die Sehnsüchte binden sich an konkrete Vorstellungen: Konkrete Wünsche, Strebungen, die letztlich auf eine Grundsehnsucht verweisen, werden erlebbar und müssen verwirklicht werden. In diesen von der Sehnsucht gespeisten Wünschen kommen uns in unserem Begehren unsere Entwicklungsmöglichkeiten entgegen, die wir als Lebensthemen in der äußeren Welt realisieren und die durch dieses Realisieren auch unsere Innenwelt verändern.

Die Sehnsucht gibt den Lebensthemen die imaginative Gestalt. Das Interesse, das leidenschaftliche Interesse gibt Schub und bewirkt, dass die Lebensthemen im Laufe der Zeit konkret verwirklicht werden. Die Hoffnung und die Begeisterung bewirken, dass eine Ausrichtung der Lebensthemen auf das Bessere hin bleibt, trotz Widerständen und Angst.

Eine Vision vom guten Leben

Ich gehe davon aus, dass das Leben sinnvoll sein kann, wenn Menschen denn schon immer wieder nach dem Sinn fragen, und dass der tiefste Sinn des Lebens wohl der ist, das zu leben, dann findet das eigene Leben wie von selbst zu seiner ureigensten Gestalt. Natürlich spreche auch ich – wie viele andere Menschen – davon, dass diese oder jene Unternehmung oder Anstrengung wohl keinen Sinn macht, also kaum eine Wirkung in die von mir als richtig anerkannte Richtung bringen könnte. Ich wähle dann etwas, was mir sinnvoller erscheint. Einige Lebenserfahrungen erschienen und erscheinen mir ausgesprochen sinnlos. Das zu akzeptieren scheint mir ebenfalls wichtig zu sein, um den Sinn zu erkennen. Wir können den Dingen einen Sinn geben, wir können Sinn stiften, wir sind aber auch getragen von Sinnerfahrung. Diese kann sich ereignen, wenn wir dafür offen sind.

Sinn verweist darauf, dass bedeutungsvolle Zusammenhänge gesehen, geschaffen und erfahren werden können, und diese Zusammenhänge geben ein Ganzes, eine gute Gestalt. Die Emotionen, die damit verbunden sind, sind Interesse, Zufriedenheit, Freude, Hoffnung. Es sind gehobene Emotionen.

Mich fasziniert, dass Menschen, auch wenn sie mitten im Leben sind, eine Intuition, Vision oder Phantasie von ihrem Leben als Ganzes haben, auch wenn wir denken, wir könnten eigentlich nur auf das faktisch Gelebte zurückgreifen. So können auch Menschen, die gar nicht so besonders reflexiv mit ihrem Leben umgehen, im Hinblick auf eine Entscheidung sagen, dass sie sich so nicht entscheiden dürfen, weil sonst ihr Leben als Ganzes aus dem Tritt käme, oder gar ihr Leben als Ganzes nicht mehr in Ordnung kommen könnte. Oder andere sagen, sie könnten eine Entscheidung nicht fällen, weil das nicht zu ihnen passen würde. Sie könnten sich aber eine Entscheidung vorstellen, auch wenn sie eine wichtige Veränderung im Erleben von Identität bewirken würde. Es gibt aber eine Ahnung davon, was unser Leben als Ganzes sein kann, und wir haben auch den Wunsch, dass dieses Leben letztlich ein „gutes Leben" sein soll. – Und wir haben eine Ahnung, was zu unserer eigenen Persönlichkeit als Ganzer gehört, auch wenn wir vieles davon nicht wissen können.

Treffen wir Entscheidungen, die in dieses weitgehend unbewusste Konzept von unserem letztlich „guten Leben" passen, die letztlich unsere Identität bestätigen, dann erscheint uns Leben wohl sinnvoll.

Aufbrechen – der Hoffnung Raum geben

Alle Märchenhelden und Märchenheldinnen brechen auf – und meistens geschieht dies aus Not heraus. Und aufzubrechen scheint dann doch allemal noch etwas Besseres zu versprechen, als wenn sie bleiben und ausharren. Im Notfall wollen sie lieber sterben als das elende Leben weiter ertragen. Hänsel und Gretel können nicht mehr ernährt werden. Allerleirauh sollte seinen Vater heiraten und will das doch um keinen Preis. Schneewittchen soll getötet werden, damit seine Stiefmutter die Schönste im Lande bleiben kann. „Hans mein Igel" geht in die Welt hinaus, weil er unter Vaters Ofen doch nichts werden kann und der Vater froh ist, ihn loszuhaben. So wie sie brechen viele andere auch auf.

Der jeweiligen Not muss abgeholfen werden, und das geschieht, in dem Märchenhelden und Märchenheldinnen die alte Situation verlassen, weil ihnen nichts anderes übrig bleibt. Sie sind nicht von einer großen Hoffnung erfüllt, aber sie haben mehr oder weniger großes Vertrauen ins Leben und in die Zukunft. Sie gehen und sie unternehmen den Versuch. Die Not wird überwunden, in dem sie anstehende Probleme lösen, aber auch, in dem sie neue Seiten an sich entwickeln.

In fast allen Märchen geht es um das Gelingen des Lebens.[25] Die Probleme entstehen aus der Sicht des Märchens dadurch, dass das Leben einseitig gelebt wird, dass wichtige, anstehende Lebensmöglichkeiten nicht ins bisherige Leben einbezogen werden können oder dass bestimmte Aspekte einfach verdrängt werden. Die Aufgabe der Märchenheldinnen und Märchenhelden ist es, das Verdrängte oder die neuen Konstellationen aus dem Unbewussten, die das Leben verändern, ins Leben hereinzuholen. Stellvertretend geht der Protagonist oder die Protagonistin durch einen Prozess der Wandlung, symbolisch gesehen durch Tod und Wiedergeburt. Diese Wandlung betrifft letztlich das Kollektiv als Ganzes. Märchenheldinnen und Märchenhelden wehren sich nicht gegen diesen Wandlungsprozess. Sie stehen also exemplarisch für die Menschen, die sich auf die immer wieder notwendige Wandlung einlassen können, die immer wieder einen Aufbruch wagen, ohne dabei letztlich ihre kontinuierliche Identität zu verlieren. Dabei werden jeweils relativ unspektakulär die gerade anstehenden Probleme gelöst. Im Märchen kümmern sich Heldinnen und Helden selten um die fernere Zukunft, das Gelingen findet im Jetzt und Hier statt. Wenn Leben einmal gelungen ist, ist das auch kein Versprechen für ein immer gelingendes Leben, aber es belebt zumindest die Hoffnung darauf. Natürlich geht man – nicht nur im Märchen – anders mit zukünftigen Schwierigkeiten um, wenn man weiß, dass man schon beachtliche Schwierigkeiten überwunden hat.

In welcher Haltung gehen Märchenhelden und Märchenheldinnen an denen man das Aufbrechen lernen kann, ihren Weg?

Sie müssen sich zunächst voll auf die ihnen gestellte Aufgabe einlassen. Engagement in einem radikalen Sinn ist gefordert, es ist oft eine totale Herausforderung – und es könnte das Leben kosten. Sie müssen alles tun, was in der eigenen Kraft liegt, und dann darauf vertrauen, dass ihnen Hilfe zuteil wird. Auch diese Hilfe ist oft unspektakulär: So findet Allerleirauh, nachdem sie von des Königs Hof geflohen ist und lange gelaufen ist, einen hohlen Baum, in dem sie in Ruhe schlafen kann. Schneewittchen findet das Haus der Zwerge hinter den sieben Bergen.

Im Märchen „Der Teufel mit den drei goldenen Haaren" findet das Glückskind die Ellermutter, die ihm hilft, dem Teufel zu entlocken, warum etwa in einem Brunnen, der zuvor Wein geführt hat, jetzt nicht einmal mehr Wasser vorhanden ist. In anderen Märchen werden alte weise Männer oder Frauen getroffen, die nach dem Woher und Wohin fragen, und – nachdem ihnen entsprechend respektvoll geantwortet wurde – die entscheidenden Ratschläge geben. Da hebt sich jeweils aufkommende Niedergeschlagenheit und Ratlosigkeit – und der Held oder die Heldin gehen wieder mit Zuversicht ihren Weg. Versteht man Märchen als Geschichten, die auch psychische Prozesse abbilden, dann treffen Märchenhelden und Märchenheldinnen in den alten Weisen die weisen Aspekte ihrer eigenen Psyche. Sie haben einen schöpferischen Einfall – und das in einer Situation, in der alles ausweglos erscheint, und sie diese Ausweglosigkeit auch aushalten. In diesem Moment haben sie einen Einfall, was helfen könnte, und alles sieht schon wieder ganz anders aus.

Alles zu tun, was in der eigenen Macht liegt, und sich dann helfen zu lassen, offen zu sein für rettende Einfälle. Das scheint eine Grundregel für das gelingende Leben zu sein, für das Leben mit Vertrauen in sich und in die Zukunft. Das erfordert zum einen eine sehr aktive zupackende Einstellung dem Leben gegenüber mit viel Mut zur Angst, zum anderen eine kontemplative oder meditative Einstellung, die offen ist für Einfälle, die die Einfälle auch erwartet. Märchenheldinnen und Märchenhelden entwickeln keine Klagekultur oder nur einmal vorübergehend, sie sind nicht beherrscht von der Überzeugung, dass „alles nicht geht", sondern vom Gedanken, dass es doch einen Weg geben muss.

Das weist auf das tiefe Lebensvertrauen hin, das sie haben. Bei den einen ist dies sofort sichtbar, die anderen scheinen zunächst eher wenig Vertrauen zu haben, und dennoch erweist es sich in den aussichtslosen Situationen, dass sie nicht verzweifeln, sondern dass sie eben doch auch vertrauen, vielleicht auch nur, weil ihnen nichts anderes übrig bleibt.

Die Märchen lehren uns: Man wird nicht aufbrechen ohne Not. Aber wenn man aufbricht, dann stellen sich zwar Angst, Orientierungslosigkeit und Verzweiflung, aber auch Vertrauen, neue Einfälle und Hoffnung ein.

Die Leidenschaft ins Leben lassen

Leidenschaft hat einen Aspekt der Kraft, der Intensität, der Gewalt. In ihr zentrieren sich die Kräfte: Sind wir leidenschaftlich, dann sind wir auf ein Ziel bezogen, dem sich alle anderen Ziele unterzuordnen haben. Leidenschaft setzt aber voraus, dass uns etwas „packt“, ergreift, erfasst, das wir leidenschaftlich begehren können, worauf wir uns voll einlassen wollen und müssen und das entweder zu Sinnerfüllung im Leben führt, auch zur Ausweitung der Persönlichkeit – oder zu deren Untergang, zur Qual. Im Schweizerischen sagen wir, wenn jemand von etwas sehr gepackt ist: er oder sie ist von etwas „angefressen“. Der Biss kommt also zuerst, vom Leben her und einem entgegen, und dann antwortet man auf dieses Angefressensein mit der entsprechenden Intensität. Leidenschaft ist dialogisch.

Was uns da von außen „anfrisst“, ist geeignet, in uns eine große Erwartung zu wecken, und je mehr Aspekte unseres Selbst dieses Ziel, diese Utopie, diese Sehnsucht, die sich im „Biss“ zunächst zeigt, abzudecken scheint, je tiefer uns etwas anspricht, desto tiefer werfen wir uns in die Leidenschaft.

Leidenschaft meint also immer schon das Leben, meint die Verwirklichung der je eigenen Existenz. Leidenschaft ist immer Lebensleidenschaft.

In einer kurzen Legende zu einem Bild, die mit „Joie de vivre“ – Lebensfreude – betitelt ist, sagt

Picasso, es sei sein Unglück, aber möglicherweise auch sein größtes Entzücken, die Dinge des Lebens so gebrauchen zumüssen, wie sie ihm die Leidenschaft eingebe, die Leidenschaft sage ihm, was zu tun sei. Voraussetzung dafür sei allerdings, dass er inspiriert sei.

In dieser kurzen Aussage wird deutlich, wie sehr in der Leidenschaft etwas von außen auf einen Menschen zukommt, das Handeln und das Interesse bestimmt, das Leben sozusagen strukturiert, und wie ambivalent dies empfunden wird: als Unglück, wohl auch irgendwie einfach als Fatum, als etwas Gegebenes, weniger vornehm ausgedrückt: als Zwang – und auf der anderen Seite als größtes Entzücken, als etwas, das mit heller Freude erfüllt. Und dieses ambivalent Erleben ist dann letztlich unter dem Titel „Lebensfreude" abgelegt, erfüllt also dennoch mit Freude. Dass Picasso die Inspiration als Voraussetzung für das Ergriffenwerden durch die Leidenschaft versteht, würde ich nicht in dieser kausalen Abfolge sehen. Leidenschaft hat in sich das Element der Begeisterung. Ich werde darauf zurückkommen.

In dieser Aussage von Picasso wird aber nicht nur die Ambivalenz gegenüber dem Gepacktsein durch die Leidenschaft deutlich, sondern auch, wie sehr eine dialogische Interaktion besteht zwischen dem, was die Leidenschaft „sagt", also dem Thema, das einem leidenschaftlich aus der Welt als Du, als Idee oder als Gegenstand entgegenkommt, und dem eigenen Darauf-Antworten, hier dem eigenen Gestaltenmüssen.

Das Leben intensiv erfahren

Hätte man die alten Griechen gefragt, was es heiße, leidenschaftlich zu sein, dann hätten sie wohl geantwortet: von einem Gott ergriffen zu sein. Im Phaidros von Platon steht dazu eine erhellende Stelle: Da wird darüber gesprochen, dass es zwei Formen von Wahnsinn gebe, wobei Wahnsinn die Übersetzung von „mania" ist, die man auch mit Begeisterung, Raserei wiedergeben könnte. Eine Art Wahnsinn wird gesehen als menschliche Krankheit, die andere Art „aus göttlicher Umwechslung des gewöhnlichen, ordentlichen Zustandes". Der göttliche Wahnsinn wird differenziert, je nachdem, welcher Gott ihn verursacht hat. So kann man etwa von Apollo ergriffen sein in der Leidenschaft zur Weisheit, oder von Dionysos in der Leidenschaft zum immer wieder aufbrechenden Leben der Natur und in der Leidenschaft zu allem Leiblichen, Sinnlichen, von den Musen in der Leidenschaft zum Dichterischen, Musikalischen, Künstlerischen; und von Aphrodite und von Eros in der glühenden Liebesleidenschaft.

Damit haben wir nun auch die Verbindung zur Inspiration. Inspiration heißt hier, Ergriffensein von einem Gott; und auch wenn wir – etwas nüchterner – inspiriert sind oder – noch nüchterner – bloß „angefressen", dann haben wir dennoch den Eindruck, von etwas ergriffen zu sein, das über uns hinausgeht, das wir in unser Leben hereinholen wollen, das Erneuerung verspricht, Aktualisierung,

Aktivität, Wandlung, Intensität. Es ist dann so etwas wie eine Offenbarung. Wir fühlen uns als Empfangende, berührt von etwas Numinosen (Numen = Wille der Götter), erregt, angeregt, man hat keine Wahl und doch fühlt man sich frei, es ist eine Unbedingtheit in der Erfahrung, und man ist überzeugt, die Energie zu haben, die es braucht, um das, was uns ergriffen hat, was uns inspiriert, auch zu gestalten. Die Leidenschaft ist dennoch mehrheitlich von dieser Welt, auch wenn sie sich auf eine Vision bezieht.

Wenn Fromm sagt, Leidenschaft könne nicht abgeleitet werden aus schwierigen Kindheitserfahrungen, sie habe mit der immer wieder nötigen Realisierung des menschlichen Selbst als einer Conditio humana zu tun, dann heißt das auch, dass der Mensch auch immer wieder über die gegebenen Verhältnisse hinaus etwas schaffen kann, sich zum Besseren entschließen kann durch die Leidenschaft.

Feuer fangen

Leidenschaft gehört in den Symbolkreis des Feuers. Zunächst „fangen“ wir einmal Feuer (und das nicht nur bei der erotisch-sexuellen Leidenschaft), sind dann „Feuer und Flamme“, und dann werden wir von diesem Feuer verzehrt. Leidenschaften ergreifen uns, begeistern uns, verzehren uns. Feuer wandelt – denken Sie an die Kochprozesse –, Feuer kann aber auch zerstören; aus einem lodernden Feuer kann eine tiefe, heiße Glut zurückblieben, oder kalte Asche. Es gib auch keine Wandlung ohne Zerstörung, und die Frage ist, wie viel Wandlung, wie viel Zerstörung –, und gerade das ist das Risiko der Leidenschaft: sie ist nicht kalkulierbar. Leidenschaften bringen die wohlgeordnetsten Leben durcheinander, ja, gerade die! Aber nicht der Endzustand macht das Feuer oder die Leidenschaft aus, sondern das Brennen: Ein Feuer muss brennen, um ein Feuer zu sein. Und ein Feuer brennt konzentriert, ein Feuer, das nur hie und da einmal aufflackert, das ist kein rechtes Feuer und wird kein rechtes Feuer. Feuer ist gesammelt; zu vergleichen mit der Konzentration, die eine Leidenschaft auf ihr Ziel hin von dem Menschen erzwingt, den sie ergriffen hat. Und die Energie, die in diesem Verbrennungsprozess liegt, ist wohl vergleichbar der Energie, die in den Leidenschaften liegt und die für den Träger oder die Trägerin der Leidenschaften gesteigertes intensives Selbsterleben bedeutet in

Lust oder Qual – auch Qual, Leiden ist intensiveres Selbsterleben.

Kleine Feuer wären gut unter Kontrolle zu halten – aber die Leidenschaften haben wie das Feuer auch eine gewisse Autonomie, die wir fürchten.

Stendhal, ein französischer Romanschriftsteller, sagte im Zusammenhang mit der erotisch-sexuellen Leidenschaft in seinem Buch über die Liebe, sobald in die Liebe Leidenschaft komme, sei sie mit einem Risiko verbunden, sie sei dann kein reiner Genuss mehr. Leidenschaft weckt die innere Welt, oder sie ist durch die innere Welt bedingt, damit werden aber Bilder (im weitesten Sinne Anima und Animus), Erwartungen, Phantasien geweckt – eine mögliche riesige Quelle der Enttäuschung. Ziel der Leidenschaft ist, eingestanden oder uneingestanden, ein Ideal. Und der Traum ist immer besser als jede Realisierung. Diese potentielle Quelle der Enttäuschung hat leidenschaftliches Engagement immer in sich. Das ist das Risiko, auf das man sich einlässt, und irgendwann weiß man sogar, dass diese Enttäuschung unumgänglich ist: Kein leidenschaftliches Engagement erfüllt letztlich die Hoffnungen und Vorstellungen, die einen zu Beginn vorgeschwebt sind, und die dazu verführt haben, sich der Leidenschaft zu überlassen. Je intensiver die Emotion, umso intensiver die Enttäuschbarkeit, die Angst vor Verlust, die Angst vor dem Scheitern.

Hingabe entwickeln

Gibt es dies noch, das heilige Feuer? Es gibt zumindest die Sehnsucht nach Menschen, die brennen, die mit einem inneren Feuer bei einer Sache sind, mit einer Unbedingtheit und einer totalen tätigen Hingabe, ungeachtet aller Widrigkeiten, die gibt es noch immer.

Aber nicht nur die Sehnsucht besteht, es gibt sie auch noch, diese Menschen, die ganz gepackt sind von einer Idee, einem Werk, besessen von etwas, überzeugt, dass sie einen Funken aus einem Stein schlagen können, wenn sie nur dranbleiben. Mit der Gestaltung steht und fällt dann ihr Leben. Es geht dabei nicht um Ansehen und Geld, es geht zunächst nur um die Sache, darum, den bestmöglichen Ausdruck zu finden für das, was einen so sehr mit Interesse belegt.

Entweder mag man solche Menschen, ihre Intensität, lässt sich anstecken, spürt, dass das Leben auch Dimensionen hat, die über das Alltägliche weit hinausgehen, ist vielleicht sogar neidisch, weil man sich selber so sehr in etwas Beliebigem verstrickt fühlt, oder aber man ängstigt sich vor diesen befeuerten Menschen, spricht von Fanatikern und Fanatikerinnen. Und dennoch: wie wir auch reagieren mögen, diese Menschen sind von einer Idee und deren Ausgestaltung ganz gepackt, sie müssen gestalten – es ist kaum Freiheit da.

Befeuert sind diese Menschen. Feuer wandelt rasch, leuchtet, wärmt, zerstört, verzehrt, brennt – mit dem Feuer ist eine große Intensität verbunden. Befeuerte Menschen sind Menschen mit intensiven Emotionen, die Phantasien auslösen, die Veränderungen erahnen und gestalten, die aber auch einen Menschen verzehren können. Auch ein wenig gefährlich also.

Nicht nur ein Feuer aber hat sie erfasst, sondern ein heiliges Feuer, ein Feuer, das nicht ganz von dieser Welt ist, nicht einfach machbar, geheimnisvoll – und vielleicht auch ein Feuer das hell macht, heilen kann. Kann man denn heute noch von einem heiligen Feuer sprechen, wo uns doch eigentlich nichts mehr heilig ist? Man kann, und damit zeigt man sich auch als ein Mensch, der über das Ego hinaus sich etwas Größerem, das Staunen abverlangt, verbunden fühlt.

Und der Mensch, der mit diesem feu sacré arbeitet, kann etwas aus dieser Sphäre der größeren Zusammenhänge in die Welt des Banalen herbeibringen – und diese etwas verändern, zumindest große Gefühle auslösen, den anderen Menschen auch am Beispiel zeigen, dass es durchaus eine Möglichkeit gibt, auch in unserer Zeit, konzentriert, mit großer Hingabe, an etwas zu arbeiten.

Es gibt Menschen, die begabt sind für das feu sacré. Für die etwas weniger Begabten stellt es sich dann ein, wenn sie mit großem Interesse, nicht erlahmender Ausdauer und großer Hingabe an etwas arbeiten, das sie betrifft, das sie etwas angeht. Und dennoch: Welches Glück, eine Idee gefunden zu haben, eine Arbeit gefunden zu haben, die wirklich das innere Feuer auslösen kann, eine solche Begeisterung in uns auslösen kann, dass wir brennen. Und dass sogar der Funke überspringt auf andere Menschen.

Gestalter, Gestalterin des eigenen Lebens sein

Die Leidenschaft ernst nehmen heißt, unseren emotionalen Bezug zum Leben ernst zu nehmen, dann sind wir bei uns selbst, im Körper, und wir sind lebendig. Leidenschaft ist ein Gegenpol zur Gleichgültigkeit, die fälschlicherweise oft als Gelassenheit missverstanden wird. In der Gleichgültigkeit wird der emotionale Bezug abgeschnitten. Lassen wir Emotionen nicht mehr zu, dann lassen wir uns nicht mehr betreffen von der Welt um uns herum, wir handeln dann auch nicht mehr, wir haben dann auch keine Energien zum Handeln. Wir entwickeln uns aber auch nicht mehr.

Leidenschaftlich leben heißt also, sich für das eigene Leben, das eigene Selbst zu interessieren und für das einzustehen, was uns interessiert in der Welt. Leidenschaftlich leben heißt verstehen, dass man eine Lebensträgerin oder ein Lebensträger ist, dass es nicht gleichgültig ist, was wir aus unserem Leben machen, dass wir am Ende eines Lebens nicht sagen müssen, dass nichts war.

Es mag modisch sein, sich cool zu geben – nicht affizierbar. Und dann ist uns eben alles gleichgültig. Es gibt keine Vorlieben, keine Abneigungen, nichts, wofür sich einzusetzen lohnt. Leidenschaft ist vielleicht altmodisch: Sie bezieht sich auf eine Interaktion von Innenwelt und Außenwelt – und die Leidenschaftlichen gestalten diese Interaktion, wollen verändern. Leidenschaft glaubt an eine Innenwelt, in einer Zeit, in der der Innenwelt wenig

Kredit gegeben wird, wo es eigentlich nur noch darauf anzukommen scheint, ob man gut funktioniert oder nicht.

Leidenschaft bezieht sich auf Sinnsuche und auf Herstellung von Sinnerfahrung. Nun tönt Herstellung vielleicht auch schon wieder sehr modern – und zu aktiv. Und dennoch ist mir hier eine Aktivität auszudrücken sehr wichtig. Der Sinn muss nicht von irgendwo über uns ausgegossen werden, es stellt sich Sinnerfahrung ein, indem wir unseren Leidenschaften nachgehen. Und diese Sinnerfahrung ist auch nicht einfach immer vorhanden und gratis zu haben. Wir müssen uns auch entschieden auf ihre Seite schlagen. Das heißt, immer dann, wenn uns das Gefühl der totalen Sinnlosigkeit überkommt, werden wir dieses Gefühl nicht überhand nehmen lassen, sondern Sinnerfahrung und Erfahrung der Sinnlosigkeit nebeneinander halten und die Diskrepanz ertragen. Ich nenne das abgekürzt: „sich nicht umbringen lassen". Das heißt, dass wir uns nicht einfach auf die Seite des Scheiterns und der Mutlosigkeit schlagen, sondern den Teil des Glückens, der immer auch erlebbar ist, konsequent auch im Gefühl halten. Das gelingt uns normalerweise sehr gut, wenn es uns gut geht und alles rund läuft; es ist dann eine uns abzufordernde Leistung, wenn wir resignieren wollen, uns zum Opfer der Lebensumstände machen wollen. Das sind wir natürlich auch, aber eben nicht nur.

Lebensleidenschaft heißt auch, sich als Gestalterin oder Gestalter des Lebens zu verstehen und nicht einfach und ausschließlich als Opfer.

Sich ergreifen lassen – die Freude kultivieren

Bei der Leidenschaft müssen wir uns ansprechen lassen von etwas, das uns entgegenkommt, wir müssen uns mit Beschlag belegen lassen von etwas, das auch außer uns ist, wir müssen uns ergreifen lassen. Das kann man nicht machen, man kann aber offen sein dafür. Am ehesten ergreift uns etwas in Übergangssituationen, wenn wir nicht aus lauter Trotz, dass das Leben nicht den Gang nimmt, den wir uns vorgestellt haben, alles, was uns begegnet, entwerten. Auch wenn man Lebensleidenschaft nicht lernen kann, kann man sich doch in eine Haltung begeben, die die Lebensleidenschaft fördert.

Zur Leidenschaft gehört die Offenheit zu den Emotionen hin. Emotionen sind immer auch in unserem Körper. Auch die primär nicht-sinnliche Leidenschaft hat viel mit unseren Sinnen und dem Sinnenhaften zu tun. Es gibt keine Leidenschaft, die letztlich nicht auch in unserem Körper wurzelt, die mystischste Liebe bringt einen Körper in Erregung und lässt ihn lebendig werden. Offenheit zum Körperlichen hin, zur Natur, zu den Emotionen ist eine der Voraussetzungen, dass Leidenschaft werden kann.

Zur Leidenschaft gehört weiter konstitutiv das Interesse. Wir können lernen, uns zu interessieren für das, was uns interessiert. Interesse für unsere Interessen. Was interessiert uns wirklich? Wie oft wehren wir unsere wirklichen Interessen ab, weil sie uns nicht reif genug erscheinen, nicht kultiviert genug, nicht intellektuell genug. Es gilt, die Interessen dort zu finden, wo sie sind. Interesse für die Interessen zu kultivieren heißt auch, nicht immer dort sein zu wollen, wie wir nicht sind. Wie soll ich da ein Interesse aufbauen, wenn wir jedes kleinste Interesse schon wieder verraten um eines anderen Interesses willen? Es braucht eine Entschlossenheit und den Mut zum Risiko. Es kann ja sein, dass ein anderes Interesse auf die Länge mehr an Lebensfülle und Lebenssinn entbinden würde – oder vielleicht weniger teuer wäre –, aber sicher kann man da nie sein. Sicher ist indessen, springen wir von einem Interesse zum anderen, dass wir uns nie in etwas vertiefen können, nie wirklich bei einer Sache sein können, nie wirklich unser Herz an etwas hängen können. Das ist alles noch keine Leidenschaft, das führt allenfalls zu einem konzentrierten Lebensstil, aber es ist die Voraussetzung für Leidenschaft. Denn je mehr unser Interesse gebündelt wird, umso interessanter wird das, was uns aus der Welt entgegenkommt. Sind wir ganz und gar ohne Interessen, dann müssen wir uns auf die Langeweile konzentrieren. Wehren wir die nicht ab, überlassen wir uns ganz unserer Langeweile, dann werden Phantasien aufsteigen, die in der Regel schon einen Wunsch oder ein Begehren zeigen – einen Ansatzpunkt für aktives Interesse. Bleibt man bei den Phantasien, ohne sie zu realisieren, dann wird es wieder langweilig werden. Interessen, Wünsche, Begehren – sie nicht schon abwürgen, bevor sie Gestalt angenommen haben, weil wir sicher sind, dass wir doch enttäuscht werden. Das kann zwar sein, der Traum ist immer besser als die Realisierung, und dennoch ist es besser, immer auch einmal enttäuscht zu sein, vielleicht sogar fundamental enttäuscht zu sein und zu spüren, dass man lebendig ist, als nichts mehr zu wünschen, nichts zu begehren, nichts zu wollen.

Die Begeisterung ist ebenfalls konstitutiv für die Leidenschaft. Wir können auch die Begeisterung nicht wollen. Auch die Begeisterung lebt davon, dass uns etwas ergreift. Es gibt aber eine Vorform der Begeisterung, die in jedem Leben anzutreffen ist und deren Erleben kultiviert werden kann: die Freude. Woran haben wir nicht nur Interesse, sondern auch Freude. Wie fühlt sie sich an? Nehmen wir sie bewusst wahr? Suchen wir sie? Vielleicht wächst unsere Freude zu Begeisterung – vielleicht auch nicht. Möglich wäre es. Wo finden wir unsere Freude am Leben? Keine globalen, sondern ganz präzise Antworten sind hier gefordert: Was löst dieses warme, uns weitende, beschwingende Gefühl der Freude aus? Ein Blick, eine Blume, ein Geruch, ein Gedicht, Bewegung, Musik, Rhythmen, Tanz?

Man kann auch persönlicher weiterfragen: Wann fühlen Sie sich besonders lebendig? Könnten Sie diese Situationen bewusst mehr in Ihr Leben einbauen? Wann spüren Sie, dass Sie von etwas ergriffen werden, weggetragen werden? Oder noch einmal anders: Wofür lohnt es sich zu leben? Wo können Sie sich ganz auf etwas einlassen? Wo spüren Sie Ihre Intensität?

Wenn man es selber gerade nicht so gut schafft, hilft auch, sich zu fragen, wo Menschen sind, die das Leben lieben? Kann man sich von ihnen etwas anstecken lassen? Das kann auch gefährlich sein, gewiss, als eine Form der geliehenen Leidenschaft; und dennoch, sie könnte ja auch zur eigenen werden.

Leidenschaft ist verbunden mit dem Teufel und der Hölle, sie verbindet uns aber auch dem Himmel. Sie ist das Äußerste an Intensität und Kraft, was der Mensch erleben kann, an Wandlungs- und an Veränderungsmöglichkeiten, und dafür lohnt sich das Risiko, das mit ihr verbunden ist.

Wünsche verwirklichen

In unseren Lebensthemen zeigen sich Wünsche und Ideen, die im eigenen Leben verwirklicht werden wollen, damit wir von einem gelingenden Leben sprechen können. Es gehört zum Menschsein, dass wir in unserem Leben etwas bewirken, etwas verwirklichen, etwas erreichen wollen. Offen oder insgeheim streben alle Menschen nach etwas, das zu realisieren in ihrem konkreten Leben bedeutsam ist, ihrem Leben Sinn gibt: Wir alle wollen unsere Wünsche verwirklichen. Den wichtigen Entscheidungen, die unsere Identität und damit die jeweiligen Lebensthemen betreffen, liegen solche Wünsche zu Grunde. Diese Entscheidungen richten sich immer auch auf die Erfüllung dieser Wünsche. Auch Wünsche, die uns nicht bewusst sind, beeinflussen unsere Vorstellungen davon, welche Themen denn in unserem Leben verwirklicht werden sollen und welche wir verwirklichen wollen. Man erkennt sie nachträglich an den Mustern, die sich in unserem Leben zeigen, und die uns erstaunen. Rückblickend sagen wir dann oft, dass wir „das" wohl schon immer angestrebt haben, obwohl es uns nicht wirklich bewusst war.

Da hat ein Mann, der von sich selber dachte, dass er niemals in die Politik gehen würde, sich im Leben so positioniert, dass eine politische Laufbahn plötzlich „logisch" war. Und etwas erstaunt sagt er, angesichts des Weges den er gegangen ist: „Wahrscheinlich ‚wollte' ich schon immer politisch tätig sein, ich wusste es nur noch nicht."

Die noch nicht bewussten Wünsche zeigen sich in unserer Phantasie, in unserer Vorstellungskraft, in unseren Tagträumen. Wünsche verbinden sich miteinander zu Lebensthemen, auf die wir unseren Willen richten und die wir mit unserem Willen verwirklichen. Solche Lebensthemen werden im Laufe eines Lebens jedoch immer wieder in größerem oder geringerem Maße umgestaltet. Wir können sie mit der Zeit immer mehr bewusst wahrnehmen. Gleichzeitig werden sie immer wieder neu gestaltet durch neue Wünsche, Erfahrungen, Vorstellungen. Nicht die zu erreichenden Ziele sind dabei im Vordergrund, sondern die fortwährende Gestaltung der Themen im Alltag, und damit unserer Identität.[26] Unsere Identität wird durch diese Ziele, wenn sie uns denn bewusst sind, mitbestimmt. Gelingt es in einem gewissen Maße, diese sich verändernden Lebensthemen zu verwirklichen, dann wird das Leben als sinnvoll erlebt. Wenn diese spezifischen Wünsche und die damit verbundenen Gestaltungsabsichten durchkreuzt werden, leiden Menschen ganz besonders.

- Was zu realisieren in Ihrem Leben ist Ihnen wichtig?
- Was wollten Sie eigentlich mit Ihrem Leben? Und was wollen Sie noch mit Ihrem Leben?

- Was davon haben Sie verwirklicht? Und was ist dann mit diesem Lebensthema geschehen? Sind andere Lebensthemen wichtiger geworden?

- Haben Sie Tagträume von einem ganz anderen Leben?

- Sind Ihnen bei der Realisierung eines Lebensthemas Ihre Absichten und Strebungen durchkreuzt worden? Machen Sie die Erfahrung, dass Ihre darauf gerichtete Absichten immer wieder durchkreuzt werden?

Die Antworten auf diese Fragen können aufzeigen, welche Lebensthemen in Ihrem Leben von großer Bedeutung sind. Und sie können deutlich machen, dass sich Lebensthemen, wie alles im Leben, wandeln. Es ist nicht einfach, die unser Leben bestimmenden Lebensthemen ins Bewusstsein zu holen. Da gibt es natürlich diejenigen, die unser Leben ganz wesentlich bestimmt haben und bestimmen – aber oft sind auch Teilaspekte von größeren Themen wichtig. Sie weisen auf Lebensthemen, die sich oft erst erschließen, wenn man länger über sich nachdenkt, vielleicht sogar erst dann, wenn man die eigene Biografie einmal unter diesem Aspekt ansieht. Welche Lebensthemen werden in der eigenen Biografie immer wieder sichtbar? Welche Wünsche, Absichten, Pläne, Phantasien, die zu verwirklichen sind, ziehen sich wie rote Fäden durch unsere Biografie?

Vertrauen können

Jedem Anfang wohnt ein Zauber inne, wenn wir vertrauen können. Aber auch das Umgekehrte gilt: Mit der Erfahrung, dass wir immer wieder neu anfangen können, wächst das Vertrauen in das Leben. Mit einem Neubeginn machen wir deutlich: Das Leben kann immer noch, trotz aller Fehlschläge, zu einem guten Leben, zu einem gelingenden Leben werden. Es ist nicht ein für allemal verwirkt! Zwar gibt es den Irrtum, den Verrat, die Enttäuschung. Kein Mensch kann immer vertrauenswürdig sein – und dennoch: Man kann sich zum Vertrauen entscheiden, man kann sich auch zum Misstrauen entscheiden. Zu vertrauen bedeutet natürlich nicht, vertrauensselig sein, sondern man wird überprüfen, wem man das Vertrauen schenkt. Menschen, die in ihrem Vertrauen sehr wenig enttäuscht worden sind, haben die Neigung, sich vertrauensvoll, gelegentlich auch etwas zu vertrauensvoll der Welt und den Mitmenschen zu nähern. Das führt im Laufe der Zeit zu Enttäuschungen, aus denen auch diese Menschen letztlich lernen. Doch diese Wechselwirkung trifft nicht immer zu. Denn Menschen, die sich mit einer großen Selbstverständlichkeit vertrauensvoll zeigen, auch wo möglicherweise Misstrauen angebracht wäre, können damit gelegentlich bewirken, dass sich die anderen tatsächlich vertrauenswürdig benehmen. Denn alle Menschen wollen lieber in einem Beziehungsnetz leben, in dem man einander vertraut.

Dadurch fühlt man sich beheimatet, geborgen, kann offen sein und offen auf andere Menschen zugehen. Vertauen entsteht, wenn die Mitmenschen spüren, dass man die eigenen Gefühle, Absichten und Motive offen legt und dies umgekehrt auch von anderen erwartet. Auf diese Weise wird eine richtige Begegnung möglich. Und aus dem gegenseitigen Vertrauen können sich gegebenenfalls auch gemeinsame Problemlösungsstrategien entwickeln.

Dennoch: Es gibt Menschen, denen es offenbar leichter fällt, anderen zu vertrauen. Der Schlüssel dazu liegt in der Kindheit, der Entwicklung des Urvertrauens im Kind. Eine Umgebung, die haltend und stützend ist und dem Kind vermittelt, dass es darauf vertrauen kann, dass andere Menschen im Notfall zur Stelle sind und helfen, fördert Urvertrauen. Menschen, die selber vertrauensvollsind und sichere Bindungen ermöglichen, Menschen, die Freude erleben und andere daran teilhaben lassen können, schaffen Urvertrauen. Und sie bewirken, dass Menschen in ihrer Umgebung eher hoffnungsvoll als niedergeschlagen sind. Urvertrauen entwickelt sich in Beziehungen. Aber es braucht auch einen Raum, den „Mutterraum“. Das ist ein Lebensraum, in dem Mütterliches geschieht und erfahrbar wird. In diesen Raum gehören auch Tiere, Pflanzen, die Umgebung. Der Mutterraum wird auf jeden Fall sehr leicht auf den Lebensraum als solchen übertragen, mir scheint aber, dass auch die Umwelt mit dem Kind interagiert, dass der ursprünglich positive Mutterkomplex auch aus der Interaktion mit der Natur und mit Dingen mitbeeinflusst wird. Zu diesem Mutterraum gehören ebenfalls mehrere Menschen sowie die Atmosphäre, in der man aufwächst, gehören der Vater, die Geschwister, die Großeltern oder einfach Menschen, die mitleben.

Vertrauen wir, dann erleben wir die Welt in ihrem Wohlwollen, in ihrer Gunst, in ihrer Fülle. Erwarten das Bessere und nicht das Bedrohliche, Feindselige, können deshalb auch offen sein, die Dinge auf uns zukommen lassen. Vertrauen ist von der Hoffnung unterlegt – Misstrauen von der Angst. Wenn wir vertrauen, müssen wir nicht ständig alles kontrollieren.

Quellen der Freude entdecken

- Welche Phantasien für Ihr Leben hatten Sie, als Sie 20 Jahre alt waren? Welche davon haben Sie anderen Menschen mitgeteilt, welche ganz für sich selber behalten?

- Gab es eine Zeit in Ihrem Leben, als Sie von einem Interesse ganz und gar in Beschlag genommen waren?

- Falls ja, wo ist dieses Interesse heute?

- Keimen in Ihrem Leben neue Interessen auf?

- Werden Interessen, die Sie als Jugendlicher oder als Jugendliche hatten, wieder lebendig?

- Manchmal können wir nicht das verwirklichen, was wir verwirklichen möchten. Das ärgert oder betrübt uns. Welche Verhinderungen ärgern Sie am meisten?

- Haben Sie manchmal Tagträume von einem ganz anderen Leben?

- Gestatten Sie es sich, diese Tagträume auszumalen?

- Stellen Sie sich vor: Jemand würdigt Ihr bisheriges Leben. Was müsste unbedingt in dieser Würdigung enthalten sein?

- Was sollen Ihre Nachkommen einmal auf die Frage antworten, was Ihnen wichtig war im Leben?

- Was steht noch aus in Ihrem Leben, das unbedingt verwirklicht werden muss?

Anmerkungen

[1] Scheler, Max (1922, 1986) Vom Verrat der Freude. In: Scheler, Schriften zur Soziologie und Weltanschauungslehre, GW 6, Bonn S. 73–76

[2] Csikszentmihaly, Mihaly (1987) Das Flow-Erlebnis. Jenseits von Angst und Langeweile – Im Tun aufgehen, Stuttgart, S. 200.

[3] Straub, Jürgen (1989) Historisch-psychologische Biographieforschung, Heidelberg, S. 177ff.

[4] Frisch, Max (1969) Mein Name sei Gantenbein, Frankfurt, S. 26, 398.

[5] Frisch, Max (1985) Augenblick. Tagebuch 1946–1949, Frankfurt, S. 109.

[6] Kast, Verena (1990) Die Dynamik der Symbole, München.

[7] Jawlensky, Alexej: Brief an einen Käufer vom 20.12.1919. In: Gaisbauer, Hubert (Hg.) (1997), Alexej von Jawlensky. Leidenschaft und Erkenntnis. Gesichte – Köpfe – Meditationen (Katalog der Ausstellung), Wien.

[8] Brief vom 8.3.1932 an Galka, in: Gaisbauer, Hubert (Hg.) (1997), Alexej von Jawlensky. Leidenschaft und Erkenntnis. Gesichte – Köpfe – Meditationen (Katalog der Ausstellung), Wien.

[9] Kast, Verena (1991) Freude, Inspiration, Hoffnung, Freiburg i. Br.

[10] Izard, Carroll E. (1981) Die Emotionen der Menschen, Weinheim/Basel.

[11] Kast, Verena: Trotz allem Ich. Gefühle des Selbstwerts und die Erfahrung von Identität, Freiburg i. Br., S. 202.

[12] Gohlke, Paul (Hg.) (1966) Aristoteles, Nikomachische Ethik, Paderborn.

[13] Kast, Verena (1992) Die beste Freundin. Was Frauen aneinander haben, Stuttgart/München.

[14] Kast, Verena (1999) Der Schatten in uns. Die subversive Lebenskraft, Zürich/Düsseldorf.

[15] Kast, Verena (1994) Sich einlassen und loslassen. Neue Lebensmöglichkeiten bei Trauer und Trennung, Freiburg i. Br.

[16] Kast, Verena (1999) Der Schatten in uns. Die subversive Lebenskraft, Zürich/Düsseldorf.

[17] Emrich, Hinderk M.: Über die Notwendigkeit des Vergessens. In: Schmid, Gary und Emrich, Hinderk M. (Hg.) (1996) Vom Nutzen des Vergessens, Berlin, S. 61.

[18] Kast, Verena (1994) Sich einlassen und loslassen, Freiburg i.Br.

[19] Bloch, Ernst (1959) Das Prinzip Hoffnung, Band I, Frankfurt/M., S. 1.

[20] Walter, Rudolf (Hg) (1996) Gelassenwerden, Freiburg i. Br., S. 14.

[21] Bloch, Ernst (1959) Das Prinzip Hoffnung, Band I, Frankfurt/M., S. 162.

[22] Bloch, Ernst (1959) Das Prinzip Hoffnung, Band I, Frankfurt/M., S. 3.

[23] Bloch, Ernst (1959) Das Prinzip Hoffnung, Band I, Frankfurt/M., S. 1.

[24] Kast, Verena (2001) Vom Interesse und dem Sinn der Langeweile, Düsseldorf.

[25] Kast, Verena (1998) Vom gelingenden Leben. Märcheninterpretationen, Zürich.

[26] Kast, Verena (2003) Trotz allem Ich. Gefühle des Selbstwerts und die Erfahrung von Identität, Freiburg i. Br.

Quellen

1. Nischen des Glücks

Inseln der Freude finden: Verena Kast: Aufbrechen und Vertrauen finden. Die kreative Kraft der Hoffnung. Freiburg i. Br. 2001, S. 113–117

Die kleinen Freuden entdecken: Verena Kast: Freude, Inspiration, Hoffnung, 1991 © Patmos Verlag GmbH & Co. KG / Walter Verlag Düsseldorf und Zürich, S. 54–59

In Resonanz mit dem kommen, was schon da ist: Originalbeitrag

Sich begeistern lassen: Verena Kast (Hg.): Inspirationen für ein gutes Leben. Heil sein – heil werden. Freiburg i. Br. 2005, S. 85–91

Die beschwingende Wirkung der Vorfreude: Verena Kast: Aufbrechen und Vertrauen finden. Die kreative Kraft der Hoffnung. Freiburg i. Br. 2001, S. 71–75

2. Geteilte Freude ist doppelte Freude

Eine Kultur der Anerkennung: Verena Kast: Trotz allem Ich. Gefühle des Selbstwerts und die Erfahrung von Identität. Freiburg i. Br. 2003, S. 206–209

Sich vergleichen – aber richtig!: Verena Kast: Trotz allem Ich. Gefühle des Selbstwerts und die Erfahrung von Identität. Freiburg i. Br. 2003, S. 197

Wer Freude teilt, hat mehr davon: Verena Kast: Wer Freude teilt, hat mehr. In: Walter, Rudolf (Hg.) Mit einem weiten Herzen. Haltungen, die gut tun. Freiburg i. Br. 2005, S. 101–103

Wenn einem die Freude verdorben wird: Verena Kast: Schlüssel zu den Lebensthemen. Konflikte anders sehen. Freiburg i. Br. 2004, S. 122–125

Sich befreunden können: Verena Kast (Hg.): Inspirationen für ein gutes Leben. Heil sein – heil werden. Freiburg i. Br. 2005, S. 14–16 u. S. 20–22

3. Erfüllung finden

Zu viele und zu wenige Erwartungen: Verena Kast: Aufbrechen und Vertrauen finden. Die kreative Kraft der Hoffnung. Freiburg i. Br. 2001, S. 60–67

Authentisch werden: Verena Kast: Trotz allem Ich. Gefühle des Selbstwerts und die Erfahrung von Identität. Freiburg i. Br. 2003, S. 87–88

Merken, wo das Herz schlägt: Verena Kast: Trotz allem Ich. Gefühle des Selbstwerts und die Erfahrung von Identität. Freiburg i. Br. 2003, S. 128

Selbstvertrauen entwickeln: Verena Kast: Trotz allem Ich. Gefühle des Selbstwerts und die Erfahrung von Identität. Freiburg i. Br. 2003, S. 43–44

Einverstanden sein: Verena Kast: Trotz allem Ich. Gefühle des Selbstwerts und die Erfahrung von Identität. Freiburg i. Br. 2003, S. 166–168

Die Kostbarkeit des Lebens: Verena Kast: Lebenskrisen werden Lebenschancen. Wendepunkte des Lebens aktiv gestalten. Freiburg i. Br. 2000, S. 88–91

Neues wagen: Verena Kast: Trotz allem Ich. Gefühle des Selbstwerts und die Erfahrung von Identität. Freiburg i. Br. 2003, S. 94–95

Warum wir immer wieder schuldig werden: Verena Kast: Abschied von der Opferrolle. Das eigene Leben leben. Freiburg i. Br. 1998, S. 152–154

Die Phantasie beflügeln: Verena Kast: Aufbrechen und Vertrauen finden. Die kreative Kraft der Hoffnung. Freiburg i. Br. 2001, S. 84–86 u. S. 88

Gelassen werden: Verena Kast: Vom Sinn der Angst. Wie Ängste sich festsetzen und wie sie sich verwandeln lassen, Freiburg i. Br. 1996, S. 216–219

4. Leidenschaftlich leben

Die Sehnsucht als Wegweiserin: Verena Kast: Schlüssel zu den Lebensthemen. Konflikte anders sehen. Freiburg i. Br. 2004, S. 16–17

Eine Vision vom guten Leben: Verena Kast: Lass dich nicht leben – lebe! Die eigenen Ressourcen schöpferisch nutzen. Freiburg i. Br. 2002, S. 132–133

Aufbrechen – der Hoffnung Raum geben: Verena Kast: Aufbrechen und Vertrauen finden. Die kreative Kraft der Hoffnung. Freiburg i. Br. 2001, S. 118–121

Die Leidenschaft ins Leben lassen: Verena Kast in: Helga Egner (Hg.): Leidenschaft und Rituale. Was Leben gelingen lässt. Düsseldorf: Walter-Verlag, 1997, S. 43–44. © bei der Autorin

Das Leben intensiv erfahren: Verena Kast in: Helga Egner (Hg.): Leidenschaft und Rituale. Was Leben gelingen lässt. Düsseldorf: Walter-Verlag, 1997, S. 49–50. © bei der Autorin

Feuer fangen: Helga Egner (Hg.): Leidenschaft und Rituale. Was Leben gelingen lässt. Düsseldorf: Walter-Verlag, 1997, S. 52–53. © bei der Autorin

Hingabe entwickeln: Originalbeitrag

Gestalter, Gestalterin des eigenen Lebens sein: Verena Kast in: Helga Egner (Hg.): Leidenschaft und Rituale. Was Leben gelingen lässt. Düsseldorf: Walter-Verlag, 1997, S. 59–60. © bei der Autorin

Sich ergreifen lassen – die Freude kultivieren: Verena Kast in: Helga Egner (Hg.): Leidenschaft und Rituale. Was Leben gelingen lässt. Düsseldorf: Walter-Verlag, 1997, S. 61–64. © bei der Autorin

Wünsche verwirklichen: Verena Kast: Schlüssel zu den Lebensthemen. Konflikte anders sehen. Freiburg i. Br. 2004, S. 7–9

Vertrauen können: Verena Kast: Aufbrechen und Vertrauen finden. Die kreative Kraft der Hoffnung. Freiburg i. Br. 2001, S. 22–24

Quellen der Freude entdecken: Verena Kast: Schlüssel zu den Lebensthemen. Konflikte anders sehen. Freiburg i. Br. 2004, S. 139

Eintauchen – Träumen – Entdecken – Genießen

Anselm Grün
Mit Anselm Grün zur inneren Balance finden
Band 5701

Was ist wichtig im Leben? Und: Kann man es lernen, einüben? Darum geht es in dieser kleinen Lebensschule. Mit bisher unveröffentlichten Texten.

Mit Senta Berger ins weite Land der Kindheit
Hrsg. von Senta Berger
Band 5702

Senta Berger hat eine Auswahl ihrer liebsten Texte zusammengestellt, die die hellen und dunklen Seiten der Kindheit erforschen. Mal überraschend, mal vertraut anmutend, laden sie ein zur Reise in ein Land, das jeder kennt und das dennoch oft weit entfernt ist.

Joel ben Izzy
Mit Joel ben Izzy im Zaubergarten des Erzählens
Band 5703

Was wirklich wichtig ist, wird in Geschichten erzählt. Sie können das Leben von jedem von uns verändern. Wie das geht? Davon gerade handeln Joel ben Izzys Geschichten. Klug, warmherzig und verzaubernd: Pures Leseglück!

Rainer Maria Rilke
Mit Rilke ins Herz der Liebe schauen
Band 5704

Rilke über das größte der Gefühle, ein Erfahrener in Sachen Liebe, der Worte für sie gefunden hat, die unmittelbar anrühren – bis heute. Eine populäre Auswahl von Gedichten, Briefen, Prosa.

Robert Lax

Mit Robert Lax die Träume fangen

Band 5705

Robert Lax konzentriert sich auf das Einfache – und auf das Wesentliche. Er erzählt von der Zärtlichkeit, mit der das Leben dem begegnet, der sich ihm anvertraut. Einer, der den Träumen auf der Spur ist – und ermutigt, sie zu verwirklichen.

Dalai Lama

Mit dem Dalai Lama den Tag beschließen

Band 5706

Guter Schlaf macht glücklich! Den Weg zu Ruhe und Gelassenheit finden. Jeden Abend gut beenden. Und jeden Morgen anders aufwachen. Dazu laden diese Texte ein.

Janusz Korczak

Mit Janusz Korczak die Kinderwelt verstehen

Band 5708

Kinder sind das wichtigste, was uns anvertraut ist. Sie zu lieben, ist ihr – und unser Glück. Die schönsten Texte des großen Kinderfreundes. Vorgestellt von Maria Furtwängler.

Immanuel Kant

Mit Kant am Ast der Dummheit sägen

Band 5709

„Es ist so bequem, unmündig zu sein" – Kant war nah am Leben. In diesem Band erscheint er neu: als verlässlicher Weggefährte durch die Fährnisse eines unvernünftigen Alltags, als Ratgeber bei Fragen der Moral, des Anstands und des Urteilens, als Menschenkenner ohne Scheuklappen.

Friedrich Nietzsche

Mit Nietzsche die Langsamkeit entdecken

Band 5710

Wer zu schnell ist, läuft seinem Glück davon, sagt Nietzsche. Ruhe, Geduld, Rhythmus, Liebe, Maß und Kreativität – Glück braucht Muße. Und Lebenskunst braucht Zeit.